THOTH

圖特

LES XV TABLETTES
DE THOTH L'ATLANTE

翡翠碑文

Thoth/Hermès Trismégiste

圖特（赫耳墨斯）

|

原著

鄭斯堯

|

譯註

序文

本書的內容，包括了古代西方經典的中文翻譯，和各家相關論述的比較。本書在生命意義、人生哲學、宗教、社會科學、和自然科學等諸多領域，所涉及的層面即深且廣。譯註者雖自大學時代起，便心馳於儒、道、釋、耶各家的教誨和靜坐法門，甚至寫過一個準確率極高的電腦易經卜卦程式，然而其後的數十年間，卻未能貫通性地建立一套圓融的宇宙人生認知體系，經常是：知其一，不知其二，或是：知其然，不知其所以然—直到與《翡翠碑文》奇緣般的相遇。

雖然，這本古書對譯註者有著如開天眼般的啟發，但從不敢妄圖翻譯，遑論加以註解。承蒙益友良師沈澄勇先生，多年來不斷的引導與督促，以及過程中無數次的交流，才得最終達成此項幾乎不可能的任務。本書的完成，譯註者特別想向下列的家人和朋友表達最誠摯的謝意。依照對我提供指導和協助的先後：沈澄勇、鄭斯鈞、宋麗曼、林淳毅、高翊峰、諶斯彥、王瑞、羅燕儂、杜醫師、沈唐、曾小瓔，范立達，李文輝，陳建宏，溫以仁，萬榮爽，呂學正，衷心的感謝你們！

希望本書的出版，能讓更多對古文明智慧、人生教育、身心靈提升、和異次元探究等等題目有興趣的朋友，有一個較完整且多面像的參考材料，並能較方便的對比各家的相關論述。當然，更希望能有助於讀者釐清自己人生的真諦，和確立所追求的目標！

譯註者

鄭斯堯

2021 年於台灣

目錄

導　言

《翡翠碑文》簡介

1. 內容與影響

《翡翠碑文》（圖 0.1）是西方遠古文明所傳下來，關於宇宙和人生的一本綜合教科書。本書的內容，跨越了今日學科分類中許多不同的領域，包括：人生智慧、哲學、宗教、天文物理學、量子力學、超心理學、生死學、養生學、靈修法、和秘術等等。本書對各領域和各主題的論述，不僅沒有任何的矛盾，而且是一個一以貫之的圓通體系。本書即是一本闡述觀念、原理和原則的人生指南，對於實際的作法也有相當深刻的提點。

《翡翠碑文》共有十五篇，其中所揭示的精義，與道、釋、耶三家的教義，以及印度瑜伽傳統的靈修，有許多驚人的相互輝映之處。尤有甚者，本書對：宇宙的起源與終極、宇宙的邊緣、時間、能量、物質等題目所做的闡述，不僅與量子力學和最新的天文物理學相互印證，甚至有超越之處。

本書雖不反對敬拜神明，但衷告：人不可以為了任何有形或物質的目的而去求神。本書說：「人是自己信仰的產物；人是自己實況的造就者。」本書不僅說明了神的屬性、神的能力、和神的責任，並且解釋了天界、

圖 0.1：早期的「翡翠碑文」手繪圖像　此圖出自十七世紀初，日爾曼醫師海因瑞克‧
　　　　昆哈特（Heinrich Khunrath）以拉丁文出版的《永恆智慧的露天劇場》。
　　　　此書現藏於哈佛大學圖書館。

人世、和陰間存在的目的。本書對於：真理、生死、人生的意義、心想事成、心靈提升、神遊法、長生術、孟婆湯免喝術、以及咒語等等主題的教導，竟有超出上述三家教義的涵蓋範圍，相當令人震撼！

這本古籍，無論最早是出自何人、何時、何處，我們都很難否認：它與下列著作和宗派之間，存在著千絲萬縷的關係。有興趣的讀者，不僅能從這本書裡找到相互輝映的智慧，也能啟發新的觀念、並學到實作的參考方法。

- 猶太卡巴拉密教的《光明篇》
- 基督教的《聖經》、諾斯底教派
- 赫耳墨斯主義的《凱巴利恩》、鍊金術
- 中東和西亞的索羅亞斯德教、蘇菲主義
- 印度瑜伽系統的相關門派，例如：超覺靜坐、奧修
- 《埃及渡亡經》、《西藏渡亡經》、《中陰聞道解脫經》、藏密（破瓦法）和禪宗（止觀或內觀）的修行
- 美國的神智學協會、新思維、新時代運動
- 中華文化的《易經》、《道德經》、道教的內丹修真與氣功
- 當代暢銷書《吸引力定律》、《祕密》。

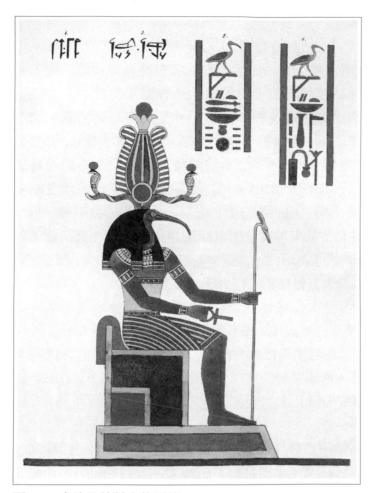

圖 0.2：古埃及神話中的圖特

2. 作者、出處、版本

《翡翠碑文》的原作者圖特（Thoth）（圖 0.2）自稱是亞特蘭提斯人。他說，他在自己的母島陸沉之前，帶領族人遷移到了北非；本書就是他所流傳下來的教導。在古埃及的神話裡，祂是文字的發明者，也是智慧、數學、和醫藥之神。相傳古埃及的大祭司印和闐（Tehuti）就是祂的轉世應化。希臘神話認為，古埃及的圖特就是後來古希臘的赫耳墨斯（Hermès Trismégiste）（圖 0.3）。在希臘神話中，祂手執雙蛇杖（Caduceus），是神與人類之間的傳信使、亡靈前往冥界的接引使、和商業的守護神；祂也常化為凡人，來世間幫助需要保護的人。到了羅馬神話中，本書作者則演變成了傳信的水星之神墨丘利（Mercury）（圖 0.4）；祂手執法杖、行動如飛，是醫藥和旅行者等的保護神。

《翡翠碑文》最早有案可查的版本，是八世紀時，巴里納斯（Balinas）以阿拉伯文所寫的《創造的秘密與自然的藝術》。而《翡翠碑文》的書名，最早見於十二世紀時，西班牙神父烏戈・桑塔耶（Hugo de Santalla）以拉丁文所翻譯的《翡翠石碑》。

一千多年來，此書不斷的被翻譯成各種文字，包括：波斯文、希臘文、拉丁文（十二世紀）、法文（十四世紀）、德文（十六世紀）、荷蘭文（十七世紀），等等等。但所取的書名則多有不同。英文翻譯則出現的較晚，其中較著名的有：十八世紀現代科學之父的艾薩克・牛頓爵士（Sir

圖 0.3：古希臘神話中的赫耳墨斯。

圖 0.4：古羅馬神話中的水星之神墨丘利。

Isaac Newton, 1642 – 1727 AD），以及二十世紀分析心理學之父的卡爾‧容格（Carl G. Jung, 1875 – 1961 AD）。此書在西方的哲學、宗教、秘術、心理學、乃至自然科學界，都有相當深遠的影響。

其中牛頓的英譯，只有部份核心教義的題綱，且並未發表。手稿現存於劍橋大學國王學院圖書館。容格的英譯，也是只針對綱要，但收錄在他1916年出版的《向亡靈的七次宣道》（*Seven Sermons to the Dead*）之中。

當然，我們現在所看到此書各語種的譯本，都有可能在漫長歲月的傳承中，曾被某個年代的某位大師做過增刪補改。

譯註說明

1. 為何選用法文本當作中文翻譯的底本？

近幾十年來，有眾多的英文版本，以稍微不同的書名在美國發行；但幾乎都是抄襲 1939 年科羅拉多州的光明神殿兄弟會公司所出版的毛瑞斯‧杜瑞歐（Maurice Doreal: pseudonym of Claude D. Dodgin, 1902 - 1963）的英譯本「亞特蘭提人圖特的翡翠碑文」（*The Emerald Tablets of Thoth the Atlantean*）。譯註者對照後發現：所有搜集到的英文版本，不僅是重複了杜瑞歐英譯的錯誤，有的連標點符號的錯誤，都原封不動的

照抄。

這些英文版本至少有下列兩大問題：

(1) 對於某些關鍵理念與實作方法的敘述：單複數不分、主受詞不明、名詞混淆多變且無註解，或語焉不詳、或前後矛盾，而且經常採用詩文體。這些情況給想要認真瞭解古文明智慧的讀者，造成極大的困擾。或許正因如此，本書在近現代以英文為主的國際上，未造成更顯著的影響。

(2) 對書中所授的各種咒語，幾乎都未作解釋；有的咒語甚至被抄錯。咒語並不是怪力亂神的妖法。咒語與誦經和禱告類似，都是心念、感受、與音頻的結合。佛教和道教也都講究咒語，只是當今的自然科學界尚不了解咒語、誦經、和禱告所具有的大能。但若不知咒語的意思，則無論怎麼念，都難以發揮真正的效用。

因為英文版有上述這兩大問題，故無法當作底本。又因法文本的出現遠早於英文本，故轉而探詢法文本。譯註者是靠著對法文本 *Les XV Tablettes de Thoth* (*l'Atlante*) **ⓐ** 的研習，方得僥倖識其精義，而完成本書的譯註。此書的法文本有眾多不同的書名，譯註者將其譯為《翡翠碑文》的原因是：(1) 從十二世紀起，圖特的教導就被翻譯成拉丁文的《翡翠石碑》了；(2) 近代以英文為主的國際書壇，對英譯本的書名 *The Emerald Tablettes of Thoth the Atlantean*(亞特蘭提斯人圖特的翡翠碑文) 比較熟悉。

ⓐ：此法文本來自法國共濟會（Freemasonry）的一個網站，該站除了提供此書的自由下載，並在其法律聲明中明言：此書無版權。https://www.lechampdesroseaux.fr/fr/mentions-legales
此法文本的書名，上述網站稱之為 *Les XV Tablettes de Thoth* l'Atlante，但在下載的電子書中的書名卻省略了 l'Atlante，故譯註者將其括弧。其實，古書出現書名上的變異不足為奇，例如：《老子道德經》，《道德經》，《老子》，《道德真經》等，都是同一本書。

2. 為何翻譯之後，還要再做註疏？

若不能提供夠深度的註解，《翡翠碑文》一書再怎麼翻譯，恐怕還是一本難以消化的「天書」。以下原因，使本書從中文翻譯版變成譯註版：

(1) 原文在名詞的使用上，相當的靈活多樣；同一個觀念或事物常使用不同的名詞。若無註解，難免產生混淆。

(2) 許多哲學性、宗教性、乃至西方秘教裡的專用術語，在書中如行雲流水般的出現，而原文裡幾乎都沒有註解，或是解說的不夠明晰，恐有礙讀者的正確理解。

(3) 書中對許多宇宙現象的敘述，與傳統物理學和一般人的認知很不一樣，卻與量子力學和天文物理學的許多新發現相互印證。若不加註疏，或被讀者輕慢忽略。

(4) 書中對身心靈修煉和某些實作方法的指導，有時使用的是接近文學的敘述手法。若不加註疏，惟恐讀者難以捉摸、無所適從。

(5) 書中所授的各種咒語，乃本書精華之一，但大部份卻未作解釋；或許是被早期歐洲的翻譯家有意保留，以作為秘傳之用。譯註者參照西方秘教的一些材料和方法，為咒語所做的解釋，雖不能說已完全精準，然

皆無悖於全書的理論、觀念、和精神,故至少可以當作某種參考。

(6) 有鑒於數千年來,諸多學家與宗派對宇宙、真理、生死等等題目的精彩論述,不少讀者對於某些議題,或許早有了根深蒂固的不同見解。因此,譯註者把自己的淺見,以及不同宗教、哲學、科學、和身心靈領域的一些相關論述,納入「篇後註」,以方便讀者做比較。這個部份可算是本譯註的特色。

I

L'HISTOIRE DE THOTH, L'ATLANTE

第一塊碑文

亞特蘭提斯人圖特的歷史

我，亞特蘭提斯[1]人，圖特，是遠古紀錄的保護者、奧秘的大師、國王、智者、和法師。我已在人世生活了無數個世世代代，而現在將要前往「阿曼提大廳」[2]，去引導那些，在偉大的亞特蘭提斯的回憶中，追隨我的人。

在遙遠的古代，我在汶達樂島的柯歐赫大都會區，開始了現在「這個系列的應化身」[3]。在那個遠古的時代裡，亞特蘭提斯的法師們，與現在這個晦暗時代裡，生生死死的一般人不同；他們可以在流淌著生命之河的阿曼提大廳中獲得新生。

我曾上千次的降入黑暗的通道，而每一次我又都從黑暗中升入光明，並且重新獲得能力和能量。

目前我會跟你們在一起待一段時間。之後，「肯姆」❶[4]的人們將不會再認識我。但在未來的某時，我會再度出現，並擁有巨大的能力。到時候，我會處理留在我身後一些人的所做所為。

肯姆的人們要注意了！如果你們扭曲了我的教導而胡作非為，我會把你們從尊榮的位置上，丟回你們原來黑暗的洞穴之中。

在這裡聽我說話的人哪，你們不要把我的秘密，洩漏給北方的人或是南方的人；否則你會受到我的處罰。你們要銘記我的話，我一定會從時間

❶：肯姆是當今埃及地區的古代名稱。篇後註4中還有更多的介紹。

與死亡的深淵中回來，並依照你們的所做所為，予以獎懲。如果現在你手中有這些我寫的文字，那表示你是值得信賴的，但請不要背叛我的信任。

我遠古時代的那些族人們真是偉大啊。他們的偉大超乎現在我身邊這些「小人物」[5]的想像。他們所擁有的智慧，源自於地球初創之時，來自於無窮無盡的知識。那時那些「光明之子」[6]和我遠古的族人們生活在一起，那是一個智者與智者共處的時代。祂們都擁有來自永恆光明的巨大能力。

在當時的人類之子裡面，最偉大的就是我的父親，圖德梅，他是大寺廟的守護者。當時這些光明之子都住在大寺廟裡。而分別居住在十塊陸地上的各族人類，都可以到大寺廟來觀見光明之子。

身為「神聖的三位一體」[7]的發言人，以及「悟那樂」❶的守護者，我父親知道如何運用必須被遵守的聲音，來與各族的國王說話。

在某個時刻，大寺廟守護者向我轉達了一個前去觀見的指令。他的臉和光明之子的臉一樣，都閃耀著儷人的光芒。若人類在光明之子未附著於應化身的時候見到祂們，則少有還能存活的。❷

我從人類之子當中被擷選出來，由大寺廟的守護者親自教導，以便我能

---

❶：悟那樂是大寺廟所在地的名稱，也是當時地球上至少部份人類的行政中心。

❷：《聖經‧出埃及記》（Exodus 33：20）中記載，摩西在帶領以色列人前往迦南地的途中，上帝曾對他說：「你不能看見我的面，因為人見我的面不能存活。」

在來日，實現預定的計畫。

在這個聖堂中，我從一個兒童長大成人。我那時唯一的慾望就是獲得智慧。期間，父親教導了我包括遠古奧秘的各種知識。直到有一天，智慧之火在我心中燃起。

在很長的一段歲月裡，我被指派在大寺廟裡，不斷的學習更多的智慧。直到，我終於也能接近那團大火所散發出來的光亮。

大寺廟守護者告訴了我，通往阿曼提的路徑，那是人類世界之外的另一個世界。在那裡，偉大的國王高坐在充滿權威的寶座上。

面對擁有偉大智慧，並掌控生命和掌控死亡的「領主」❹們，我深深地拜倒在地。祂們賜給了我生命之鑰。這個鑰匙能讓我從死亡中解脫，而進入永生的循環。

我曾遠遊眾星，直到「時空融合之處」❺。在長期飲用智慧之泉以後，我學到了要轉而專注於人類的內心，以便發掘更大的奧秘。那時候我非常的喜悅，因為只有在探尋真理時，我的「靈魂」[8]才能得到平靜和滿足。

在我探索身邊人們心中奧秘的世世代代中，我一次次的見到他們，飲下

❹：這些領主負責著人世和人世之外的時空中，不同層次循環界域的運作。

❺：時空融合之處就是第九塊碑文（打開空間之鑰）中所說的空間的邊界，也就是我們這個宇宙的前緣。

死亡之杯，之後又再重生。**ⓕ**

後來，晦黯的帷幕籠罩了亞特蘭提斯王國。這個一度光輝偉大的地球，變成了一個次等的星球。亞特蘭提斯人的思想，一步步的轉向了陰暗，**ⓖ**直到有一天，當時大寺廟的守護者在「靈魂出竅」**ⓗ**[9] 時，發出了招喚大能的話語。宇宙的法則響應著大師的號令，如花朵般的綻放開來。

在地心深處的阿曼提之子聽到了召喚。祂們啟用了「道法」[10] 來引導並製造了變異，故最終改變了地心永恆之火的「燃燒方向」**ⓘ**。

地球的平衡被改變了，滔天的海嘯與洪水淹沒了一切，只剩下矗立於汶達樂高山上的光明之廟，和一些尚未被大洪水吞噬的人。

此時，大師對我說：召集你的人民，運用你所學過的偉大法術，帶他們遠離洪水，直到抵達野蠻人所穴居的沙漠為止。到那之後，再照著你已知的計劃行事。

我於是召集了我的人民，登上了大師的各個「大船」**ⓙ**。我們在早晨起飛離開，留在身後黑暗中的偉大寺廟，傾刻間便被洪水吞沒。在預定的時間到來時，它還會再現人世。

我們迎著曙光，迅速地飛往肯姆子民之地。**ⓚ** 他們看到我們的時候，變

ⓕ：當時的人們，不求自我精進提升，而只是在生死循環的泥淖中不斷地重複。

ⓖ：圖特在此明言，下述亞特蘭提斯的陸沉，並非意外的天然災害，而是肇因於自己族人的墮落。

ⓗ：靈魂出竅是指靜坐靈修時，靈魂離體的一種狀態；詳見本篇後註9和第四塊碑文（空間的誕生）。

ⓘ：這個燃燒方向或許是指：地球磁場的運動方向。

ⓙ：此處所說的這些能飛行的大船，是本書首次提到亞特蘭提斯古文明的先進科技。

ⓚ：依照此段的敘述可以推測：亞特蘭提斯位於埃及的西方。

得暴躁和憤怒，而且拿著刀矛過來，想要殺害並消滅我們這些亞特蘭提斯的子民。

因此，我發射了一束震波，向他們猛烈的衝擊。之後，我以安撫與平和的言詞，向他們顯示了亞特蘭提斯的輝煌，並且告訴他們，我們是太陽的子民與使者。❶

驚惑於我所展現的法術，他們在我腳前匍匐敬拜。我們因此得以在肯姆長期的定居下來。在這段很長的歲月中，我也完成了由智慧所激發的許多工作。

直到有一天，一直在休眠中觀照著我們的大師發了話，於是我命令亞特蘭提斯人的後代，四處去和肯姆人共同相處。期盼日後，永恆的智慧，可以再度在大師所有的子民中升起。ⓜ

經由我的智慧澆灌，肯姆人的後代也逐漸地，在知識之光中成長。肯姆人的後代慢慢地繁衍，並拓展了他們的領土。他們的靈魂也在逐漸地提升。

身為亞特蘭提斯的太陽，我負有保存遠古紀錄與智慧的使命。為了更新我的能力，並且世世代代的繼續存活，於是我打開了一條前往阿曼提的通道。

❶：圖特這種象徵性的自我介紹，與後世希臘時代對太陽神的信仰是否有關呢？

ⓜ：此段所言頗似《聖經・馬可福音》中，耶穌復活後對門徒所說的：「你們往普天下去、傳福音給萬民聽。」（Go ye into all the world, and preach the gospel to every creature – the Gospel of Mark 16：15 KJV）

我用了「抵消地心引力的能力」[11]，把一個巨大無比的金字塔建在通道的上面。我在塔裡還做了一間密室，從那裡，有一個環形孔道，可以幾乎通到塔頂。[12]

我在大金字塔的最頂端，放置了水晶。它會向時空發出射線，以汲取太空中的能量，並把這些能量都集中在前往阿曼提的通道上。[13] 金字塔裡還有一些，我特意空著不用的房間。然而，通往阿曼提的幾把鑰匙就藏在其中。

每隔一定的時間，我就會回到地球深處，幽暗的阿曼提大廳，把自己呈現在大能的諸位領主之前。當然，在通往阿曼提道路的入口處，我首先必須面對阿曼提的守護者。❶

少有人敢於面對，通往阿曼提路上的守護者。誰若是有勇氣 挑戰這些幽暗的國度，他首先必須作一個長齋戒，以自我淨化。之後，躺入我在金字塔裡所放置的石棺[14] 中。然後，我就會在完全的黑暗中，向他揭示偉大的奧秘。

從此刻起，我，智慧大師圖特，將會一直伴隨著他。

地球本身的能量型態，就是一種可以無休止的燃燒，並且能累世長存的天然金字塔。我就是受了這個啟發，而建造了大金字塔。我把許多神奇

❶：阿曼提這個時空界域的守護者，是不需依靠肉身而存在的某種高智能精神體（spiritual being），但也能自主應化成想要的形像。這些守護者頗似基督教所說的天使和佛教與道教所說的護法天神。

的科學，都設計進了塔的建構與型態之中❶。所以，當我從阿曼提回來的時候，這些知識將依然存在。

如此，當我在阿曼提大廳裡休眠時，我自由徜徉的靈魂，會以目前之身或其他的應化身，和人們在一起生活。

我，三度轉世應化的赫耳默斯，地球守護者的特使，會遵行守護者的指引，以便讓許多的子民，都像我一樣，被提升至能夠自由應化的尊貴境界。

既然已經向你們展示了這些奧秘，也留給了你們一些我的智慧，現在是我返回阿曼提大廳的時候了。你們要珍藏並遵從守護者的指令：

永遠把目光投向光明！

現在，我將再次與大師相結合。借著我尊貴的本質和意志，我將與偉大的「萬有」❷合而為一。

我將要離開你們一段時間。你們要保存並遵守我給你們的指令。我將與你們同在，幫助並引導你們進入光明。

現在，通道的入口已在我面前打開。我要從這裡沉入暗夜。

❶：現在已知，大金字塔所呈現的科學包括：黃金比例、圓周率、地日距離、地球的運動、地球的轉軸傾角、天文歲差、光速，等等等。

❷：萬有就是所有存在的一切。此句可理解為與宇宙意識融合或天人合一。

第一塊碑文篇後註以及各家論述的比較

[1] 亞特蘭提斯（l'Atlantide）：

根據古希臘哲學家柏拉圖所著的《對話錄》，亞特蘭提斯是在約一萬兩千年前，因大洪水而陸沉於大西洋某處的一個遠古的高度文明。

[2] 阿曼提大廳（la Chambre de l'Amenti）：

阿曼提大廳有許多個，所以本書的原文有時稱之為阿曼提諸大廳。阿曼提即是位於地心深處，又是與人類世界屬於不同時空的一個界域。它即是永恆生命之火的所在，也是陰間（或地府）的所在，又是通往被圖特稱為光明之子的某些先進生靈的居所的必經之地。第十五塊碑文（密中之秘）中的正文和篇後註 9，對阿曼提大廳還有更多的敘述。

[3] 這個系列的應化身（cette série d'incarnations）：

圖特在本書中提到過，他至少三次的轉世輪迴，而且都是他自覺自選的。若照佛家法、報、化三身的說法，圖特這個系列的應化身，並不是由業力（Karma）所造成的報身，而是由他本人意願所造的應化身。

[4] 肯姆（Khem）：

肯姆是當今埃及地區的古代名稱。至今，埃及地區還有人自稱是肯姆人（Khemian）。肯姆是英文裡化學（Chemistry）和鍊金術（Alchemy）這兩個字的來源。因為亞特蘭提斯早已沉沒不見了，所以肯姆至今仍被西方人當作是占星術和鍊金術的發源地。

[5] 小人物（les petits）和上古的巨人：

圖特在此處所說小人物的「小」，不只是形容當時肯姆人們的心智和能力，而且還包括了他們身軀的大小。世界上許多的民族，都有上古巨人的傳說。蘇美人壁畫中的阿努納基（Anunnaki）神（人）（圖 1.1）和古埃及壁畫中的法老，確實都比身邊的一些其他人類高大。

除了被年輕的大衛用摔石擊斃的巨人歌利亞之外，基督教的舊約《聖經》至少還在三處提到過此類的巨人：

（1）《創世紀》（Genesis 6：4）中，對大洪水之前，有如下的一些記載：「神的兒子們（fallen angels：墮落的天使）和人的女子交合生子，從那時起世界上就有了巨人（the Nephilim：拿非利人）；他們就是上古英武有名的人。」
（2）《民數記》（Numbers 13：33）說：「我們在那裏看見亞衲族人（sons

of Anak），就是偉人。他們是偉人的後裔。據我們看自己就如蚱蜢一樣，據他們看我們也是如此。」

（3）《撒母耳記下》（2 Samuel 21：20）說：「那裏有一個身量高大的人，手腳都是六指，共有二十四個指頭。他也是偉人的兒子。」

圖 1.1：伊拉克‧西帕爾神廟中，蘇美人的太陽神（阿努納基的眾神人之一）接受敬拜的浮雕。

近百年來，在世界許多地方都有巨人骨骸的出土。下列這個逾 530 萬點閱的影片，有頗精彩的陳述。www.youtube.com/watch?v=6jx3vVSSfEs 巨人骨骸的出土，在中國也不例外。據 1921 年 10 月 8 日《盛京日報》報導，人們在北京西城大名濠挖掘溝渠時，在下風 40 號地下發現了 8 具巨型骨架，這些人骨每具長約 8 尺，頭骨大如牛。

至於，《聖經》所記載的六指人，同樣也有中國的版本。例如，明朝的唐伯虎曾在給另一位「吳中四才子」之一的祝允明的信中戲稱，祝允明就是因為比別人多了一根手指，所以書法寫的特別好。華夏民族確有下列關於六指的傳說：從山西省·洪桐（/ 洞）縣·大槐樹（村）出來的眾多子孫，小腳趾的靠外處都多出一瓣小趾甲。這第六個腳趾甲，既不是變型，更不是畸型；雖已退化，卻像是遠古「神人」遺傳的痕跡。

[6] 光明之子（les enfants de la lumière）：

光明之子是由光明所生，且不具肉身形體的高智能生靈，但祂們也可以依自己的意願而應化出和人類一樣的形體。圖特說，光明之子乃光明所生，而《聖經·約翰福音》說：「上帝就是光明」（God is light – John 1：5 NJB）。圖特說，這些光明之子和他遠古的族人們曾在一起生活，而《聖經·創世紀》中就記載了大洪水之前，神的兒子們與人類的互動。如此明顯的關聯，實在耐人尋味。

圖特對光明之子的敘述不只與《聖經》有著巧妙的關聯，甚至與佛經也有著驚人的相似之處。佛教上座部（Theravada）所宗的《長阿含經・世紀經・世本緣品》中說：「新世界剛剛形成之時，大梵天首先到來，眾生在其後也從光音天飛來，…［祂們］都如大梵天一般的神通廣大，…［祂們］身光自照、神足飛空、安樂無礙、壽命長久。」

圖特說，他自己的許多知識與智慧是來自光明之子。綜合圖特所說的前後文也可得知，光明之子們與早期人類的互動，是遠古人類許多知識的來源。這種說法又和被基督教斥為偽經的《以諾書》（*The Book of Enoch*）中的記載不謀而合。《以諾書》中所記載的，神的兒子們教導人類的東西包括：醫藥（還記得嗎：在古埃及、古希臘、和古羅馬的神話中，圖特都是醫藥之神？）、天文、農耕、符咒（法術）、武器、藝術、穿戴珠寶首飾、甚至還包括了化妝品的使用。

在《聖經》中，唯一曾兩度被記載為「與上帝同行」的人就是以諾（Enoch）。（《創世紀》第 5 章的第 22 和第 24 節。）《以諾書》在第四世紀以前的天主教裡，還有在當今的猶太教某些支派，例如：貝塔以色列，都受到高度的重視。但是，自從羅馬帝國的君士坦丁大帝召開了經文篩選會議（the First Council of Nicaea），並以國家的力量把天主教機構化之後，至今《以諾書》仍被摒除在主流基督教的《聖經》之外。

至於，以諾所傳下來的經文，為何後來被斥為偽經呢？ 其實，這便是人

類歷史的常規：若無礙於當權者，則可任由百家爭鳴；若妨礙了當權者，則是「朕」即真理。簡言之就是，拳頭大的人說了算。

[7] 神聖的三位一體（la Divine Triade）：

圖特所說神聖的三位一體是指：光明之子們的領袖。其意不同於基督教神學理論中所說：聖父、聖子、和聖靈的神聖的三位一體（the Holy Trinity）。第十四塊碑文（神的屬性）對此有更多的論述。

[8] 靈魂（l'âme；英譯為 soul）：

此處是靈魂一詞首度在《翡翠碑文》中出現。圖特在此處並未立即加以解釋，而是在其他碑文中陸續的說明。然而，靈魂是本書關鍵的概念之一，為了讓讀者能在一開始就正確的了解這個關鍵的概念，譯註者特將對各碑文中相關敘述的理解，歸納整理如下：

靈魂是一個有意識的能量場（也是資訊場）。靈魂可以附著於某種活體，也可以獨立存在，而且是永存不滅的。靈魂原本的意識在其化入肉身之後，便逐漸隱蔽，而由肉身官感和思維的意識代司其職。靈魂的意識，一般要在關掉肉身的官感和思維之後，才會甦醒。靈魂的意識會以某種奧秘的方式與身和心相互影響。修行達人，可以讓靈魂脫離肉身、不受時空限制的自主移動、與其他的資訊場交流、並獲得真正高明的智慧。

至於，人死後靈魂的去處與處境，則是取決於其靈魂的光明或清澈的程度，也就是其自我意識的多寡。自我意識越強的靈魂則越晦暗；反之，則越清澈光明。每個靈魂都依照因果如如的法則而有三條出路。（詳見第十四塊碑文神的屬性的正文與篇後註。）

有一種靈魂的去處或境界，圖特並未談到，就是：一個自我意識和意念完全消失了的靈魂❹（連光明和黑暗都不復存在），所化入的空無寂靜並永離輪迴的涅槃（Nirvana），也就是佛家修行的最高境界。

淨土宗的淨空法師說，佛祖所推廣的，不是一個求神佛保祐的宗教，而是一種讓人脫離無邊苦海的人生教育。所謂的「佛」，應是習佛者對最高修行境界的形容，而不是對某一位神明的稱呼。據聞，佛祖在生前，特別交代弟子：他不是神，不可為他塑像，更不可對他膜拜；可是佛滅後不久，有些弟子就跑去相當於現今巴基斯坦的邊境一帶，拓回了釋迦摩尼的腳印來供信眾膜拜。雖然，膜拜儀式有助於在吸收信眾時聚攏人心，也是符合古今客戶心理需求的高明營運方法，但似乎與佛祖的原意不同。

在佛滅後的漫長歲月中，一位又一位的神佛，被教團的經營者放上了供台，其中還有向傳統信仰借將的情形。例如，觀（世）音（Avalokiteshvara）的原型就是古代在婆羅門教和印度教裡廣受信奉的一對孿生小馬神，後演變成雙馬神童，後又演變成了一對雙生的青年天神，

---

❹：根據佛家的定義，靈魂化入了空無寂靜的涅槃，永離了生死輪迴才是「成佛」。若覺悟之後，還繼續輪迴或應化來到人間濟世渡人者，則是所謂的菩薩（Boddhisattva），也就是覺悟了的有情眾生（Enlightened Sentient beings），而不是佛。所以：
（1）會與人互動或託夢的某靈體，不可能是佛；
（2）還盼著死後金身不壞，或是讓後人供奉的，也不可能是佛；
（3）還活著的人，更不可能是佛。藏傳佛教中的仁波切（Rinpoche）本意是「珍貴的」，而中文從清代起將其翻譯成「活佛」，造成了長久以來很大的誤導。

之後又變成了一位俊美男
神（圖 1.2）。傳入中土的
觀音菩薩，從武則天開始
（也有說是早從晉朝開始）
則出現了女身像。

[9] 靈魂出竅（Agwanti）：

靈魂出竅一詞在法文底本
中，罕見的使用了引號來
做註解；而其解釋就是「脫
離」（détachement）。第
五塊碑文（悟那樂居民）
中，明確的說到：Agwanti
就是靈修或靜坐時，靈魂出
竅的一種狀態；也就是現
今國際上身心靈領域人士
所通稱的 Astral Projection
（有人將此英文名詞譯為
「星體投射」，實在是驢唇
不對馬嘴）。

圖 1.2：印度九世紀時的美少
　　　　男觀音石像，現藏於
　　　　印度新德里國家博物
　　　　館。（By Hyougushi）

佛、道兩家的典籍中都有關於靈魂出竅的敘述。唐・玄奘所譯的《般若波羅蜜多心經》所說的「觀自在菩薩，行深波若波羅蜜多時，照見五蘊皆空，度一切苦厄」，就是指修行靜坐時，靈魂出竅的情境。在道家方面，《莊子》把靜坐靈修稱為「坐忘」，把靈魂出竅後的經歷稱為「逍遙遊」，而《列子・黃帝》則稱之為「神遊」。

[10] 道法（Logos）：

道法是本書的一個關鍵概念。《翡翠碑文》中道法的意思是：創造的意念（圖特也稱之為「太乙」）、宇宙的意識、萬物運作的規律與法則。下列各家對此都有極為類似的概念：

（1）儒家《禮記・禮運篇》中所說的「大道」。
（2）道家《道德經》中所說的「大道」和「天道」。
（3）佛家的「佛法」（Dharma）當中所包括的宇宙法則。
（4）基督教《約翰福音》（John 1：1）說：「太初有道、道與神同在、道就是神。」這個「道」在各版英文聖經中所用的字，幾乎都是「話語」（the Word）。此話語並非說話的「話」，而是指：創造宇宙萬物的意念與設計。
（5）現存最早的《聖經》，是以希臘文寫成的手稿，其中所說，太初有道的道是 λόγος。這個希臘字的翻譯和發音，在拉丁文、法文、和英文中都一樣是 Logos，而中文翻譯則是「原因」。奇摩字典對 Logos 的解

釋是：宇宙的理念與理法。譯註者認為，也可以理解為創造宇宙初始大爆炸（the big bang）的第一因（the first cause）。

（6）綜上所述，圖特所說的太乙或道法，與儒家的大道、道家的天道、佛家的佛法、和基督教所說的上帝，都是同一回事。

[11] 埃及吉薩的大金字塔（圖 1.3）是如何建造的？

近百年來，不少學者陸續提出了所謂能夠建造大金字塔的工程理論，唯至今尚無任何一個理論，能真正令人信服。而圖特早已明明白白的說過，埃及吉薩的大金字塔（此塔一直被誤稱為古夫金字塔）是他使用了抵消地心引力的能力（le pouvoir qui neutralise la gravité）所建造的。

此說，長久以來被斥為天方夜譚的笑話。但在人類科學逐漸追上的今日，此說不但不再是笑話，而且成了最新物理學研究的方向之一。美國阿貢國家實驗室（Argonne National Laboratory）所發表的約一分鐘的「聲波飄物」展示短片，便已證明聲波的能量可以抵消地心引力。（www.youtube.com/watch?v=669AcEBpdsY）

[12] 吉薩大金字塔中有密室，並連接著彎曲的俑道可幾乎通達塔頂？

美國之音和洛杉磯時報在 2017 年 11 月 2 日報導（CBS 電視網在次日報導）：藉由透地雷達，科學家們在埃及大金字塔內的大走廊（the Grand

Gallery）上方，發現了容積約 30 平方公尺的新密室。此發現與圖特在本碑文中說的竟然不謀而合。令人好奇的是，何時科學家們也會發現圖特所說通往塔頂的彎曲俑道呢？！

[13] 埃及（吉薩）大金字塔建造的目的？

圖特說，他建造大金字塔是為了聚集能量以打開通往阿曼提的時空之門。遺失了遠古智慧的後人，把大金字塔誤解成了法老王的陵寢。西方早有傳說，在大金字塔的頂端原置有水晶。這個傳說的原始出處就是我們正在讀的這本《翡翠碑文》。現在大金字塔的頂端是平的，只裝了一個約 5 公尺高的避雷架。原來頂上的東西早已不見蹤跡。

圖 1.3：埃及吉薩大金字塔。

[14] 吉薩大金字塔內石棺（le sarcophage）的作用：

早期西方的埃及專家，把大金字塔中最大的房間，稱為墓室（sepulchre chamber），後來改稱為國王之室（King's Chamber）。而中文則一直沿用國王墓室的誤稱。國王之室中由花崗岩所造的這個棺狀結構（圖1.4），最晚從上世紀初開始，就被西方學者誤稱為古夫石棺（Khufu's sarcophagus）。根據圖特此段的敘述可知，此棺狀結構與日後埃及法老的木乃伊一點關係都沒有，而是圖特讓他日後修行有成的弟子，來學習偉大奧秘的修練卡座。

彼得・湯普金斯（Peter Tompkins）等人在 1971 年出版的暢銷書《大金字塔的秘密》（*Secrets of the Great Pyramid*）中，記載了一個在西方流傳極廣的傳說：亞歷山大大帝、凱撒大帝、和拿破崙，都曾在此棺狀結構中躺過，而且都見到了異像。而拿破崙，則單獨在裡面待了七個小時。他出來時的情狀，被人紀錄為：面色慘白、驚恐萬分。

圖 1.4：埃及大金字塔內所謂國王之室中的花崗岩棺狀結構。

II

LA CHAMBRE DE L'AMENTI

第二塊碑文

阿曼提大廳

阿曼提大廳、生命之廳、和死亡之廳都躺在比被吞噬掉的亞特蘭提斯還要更深的地心深處，而且都浸浴在無限的「萬有之火」當中。[1]

在遙遠的過去，光明之子們在迷途[2]並徜徉於時空之際，看到了地球。祂們發現，人類之子正被一種死後的力量所束縛。祂們知道，只要擺脫這種晦黯力量的綑綁，人類之子就可以把自己，從地球的層次提升至如太陽般閃耀的境界。為了幫助人類，祂們應化成了人類的形狀。

光明之子當中的大師們說：「我們是由宇宙星塵所形成，並分享著無限萬有的生命。現在我們以人類之子的樣貌，在這個世界生活，然而我們和他們並不一樣。」

祂們運用祂們的能力，在與人類之子隔絕的地心深處，開拓出了廣闊的時空。祂們有自己能力與能量的保護，所以不會受到死亡大廳的影響。

祂們也開拓出了許多其他的空間，並在其間注滿了來自更高層次的光明，以及各種新型態的生命。祂們也建造了自我更新用的各個阿曼提大廳，來讓自己永世長存。

共有 32 位光明之子，以應化身來到人類當中，協助人們掙脫死後世界黑暗力量的枷鎖。

在生命之廳的深處，一朵光明之花開始成長茁壯，並驅退暗夜。從這光明之花的中間，射出一束大能，任何接近它的人都會得到光明、能量、和生命。

這朵花的周圍，環繞著 32 張寶座。光明之子們可以在那裡，讓自己浸浴在光輝之中，並讓自己充滿永恆的光明。

在每一千年的週期中，祂們要在寶座之上待一百年，以便祂們原先的光體，能充份浸潤生命的「神魄」[3]。從人類所不知的原始年代起，祂們就是這樣的喚醒和啟動生命神魄。祂們的原始光體雖在生命大廳裡休息，但祂們的靈魂，卻能輻射並瀰漫於祂們所應化的人類肉身之中。人類尚且不知：在生命大廳裡這個生命的冷火 ❶ 旁邊，光明之子是可以長生不老的。

在光明之子光體的休眠期間，祂們世世代代的應化為人，教導人們如何浮出黑暗，迎向光明。有一些人因此而覺醒，並脫離了黑暗，成了凡人中無限的光明。

有人 ❷ 因此從幽暗的地心深處，逐漸自我提升，而終於脫離黑暗。他把自己從阿曼提大廳中釋放出來，以便如光明之花般的綻放。他所教導的智慧，使人們脫離暗夜，而成為生命的大師。

❶：生命的冷火就是前面所說的光明之花。火或花，都只是對光明或能量展現型態的一種形容，而不是指真的一朵花，也不是一把要靠氧氣才能燃燒的真正火焰。
❷：有人以及此段中每一句話裡的主詞，都是指圖特他自己。

應化為人類的光明之子，他們的周身環繞著能量。他們安靜、奇異、並令人敬畏。這些生靈❶會自動吸收生命能量。他們與光明之子是一體的，他們觀察各種綑綁著人類的因素，並協助人們在光明到來之時，解脫束縛。

在永恆之火❶的中央，坐著七位時空的領主。祂們在人類之子穿越時空的路程中，提供協助和指引。

在眾領主的中間，就是「九」這位無限的領主。祂的形狀是一個完整的圓圈，祂的手臂可以向任何一個方向伸出，祂是領主們的領主。祂無形的存在著，另人敬畏。祂主掌著偉大的多層次的宇宙周期循環，祂也注視並衡量著人類的進展。

圍繞著祂而坐的，分別是三、四、五、六、七、和八，這六位負責不同循環層次的領主；祂們也都不受時空的限制。雖然祂們與人類不處於同一個世界，但祂們是人類的兄弟。祂們觀察著光明在人類中成長的情形，並依照各自不同的任務與能力，指導並協助著人類走向注定的光明未來。

在阿曼提一路引導我的守護者，與偉大的九（也就是第七位領主）是一體的。從無限中發出了一個深沉的聲音對我說：

❶：生靈是泛稱任何具有自我意識的有機體，包括：應化成人形的光明之子、附身於任何形態有機體的黑暗兄弟、人類、和所有的生物。

❶：永恆之火就是前面所說的：萬有之火、光明之花、和生命的冷火。

「在我面前的這一個，你是人類中擁有偉大法力的圖特。你的生命已從阿曼提諸大廳中釋放出來，你是你自己生命的大師。除非自願，否則你不會再嚐到死亡的滋味。你是，永世飲著生命之泉的那一個。死亡已被你牢牢地攥在手中。

你，人們中的太陽，自由出入的在阿曼提諸大廳裡做自我更生。

哦，人類中的光明之子啊，你依照自選的應化形像，而更新你的生命。你選擇合適自己的工作，並在通往光明的道路上前進。你越接近這個光明的目標，它就越顯地高聳和遙不可及，但你仍不斷地接近藏在目標裡的那些無窮的智慧。

你自由出入阿曼提諸大廳的能力，讓你能夠與世上的領袖以及為人類子孫帶來光明者，攜手合作，共同努力。」

之後，大師 **ⓔ** 中的一位從寶座上升起，祂引導我經過了一些深處的大廳，以及阿曼提裡一些神祕的區域，並向我顯示了許多人類未知的奧祕。祂又帶我經過一個黑暗通道，來到暗黑的死亡領主所在的死亡大廳。這個廣闊的大廳，雖然是一片漆黑，但其中卻有著某種無所不在的明亮。

我前面有一張巨大的黑色寶座，上面坐著一個，像是蒙著帷幕的形體。它比黑色還要黑，但又不是暗夜的那種黑。引領著我的大師，在這個形

ⓔ：圖特有時稱領主為大師。

體的前面停了下來，並以一種能夠賦予生命的聲音說到：

「哦，幽暗的大師，指點來生方向的牧者，我向祢呈現一位黎明的太陽。

不要把他的光明扔入黑暗。不要讓夜晚的力量加害於他。認識他並接納他。他已從黑暗升入了光明，他是我們的一位兄弟。不要遮蔽他的光焰。讓他的光明，自由的在暗夜中閃耀。」

此話一出，這個黑暗的形體伸出了祂的手，手上升起了明澈閃亮的光焰。這個光焰，驅退了黑暗的帷幕並點亮了大廳，就如同黑暗即是光明的燃料一樣！數不盡的火花，都噴發著一束束的光芒，照亮著暗夜裡更多的光點。而且，這些投射出來的光明，還在持續的擴散。

圍繞在周圍的黑暗帷幕❻，就是每盞星光燒之不盡的燃料。這些光點，像是永遠無法滿足對光明的渴求一般，也像是春天螢火蟲一般的飛來飛去，並使整個空間都充滿著光明和生命。

此時，出現了一個具有大能而且莊嚴的聲音：

「這些光點都是人類的靈魂。祂們的數目總是一面在增加，一面在減少。祂們在生生死死的轉換中，永遠存活著。

❻：黑暗是光明的燃料。光明與生命，在黑暗的死亡大廳中也無處不在。

當某些光點，自我提升成了一朵光明之花，並且達到祂們成長的巔峰時，我就會推開黑暗的帷幕，以便祂們轉化成新形態的生命。這些靈魂就這樣世世代代的成長，從一朵光焰到另外一朵，並以更大的能量來照亮黑暗。只是，暗夜的帷幕，對這些成長和進展，即滿意又不滿足。**ⓖ**

人類的靈魂就這樣，不斷的展開和成長。可是，暗夜對於這種進展，即滿意又不滿足。

我，就是死亡**ⓗ**。因為永生無處不在，所以我雖然來了，但我的存在是非常短暫的。因為無限光明的存在，我只是永恆的道路上，一個能被迅速克服的障礙。我就是永恆之火的燃料。哦，裡面不停燃燒著，而且已征服了暗夜帷幕的光焰，覺醒吧！」

此刻，所有的光焰都不斷的爆裂並融合，直到一切都變成純粹的光明。之後，大師的聲音再度出現：「你要不斷的關注自己靈魂在光明中的成長。永遠不要被暗夜領主所約束。」

引領著我的大師又帶我經過了一些寬廣的空間，去發現一些光明之子的奧秘。這些奧秘，只有當人變成了如太陽般的光明之子以後，才能明瞭。在回程中，祂又領著我來到了光明大廳，我在那裡向這些偉大的，負責來生循環的各位大師們膜拜致敬。祂以極具力量的聲音，補充地說到：

ⓖ：死亡領主所說的，與前面無限的第九位領主所說的「越是接近目標，目標就變得越遙不可及」，其道理是相通的。也就是說，當某個靈魂的光明增強了之後，籠罩祂的帷幕就會變得更厚實，其目的是促使該靈魂更進一步的自我提升。此說也可理解為：當你變的越明亮，黑幕也會變得越厚實，但那些增加的黑暗同時也是你更充沛的燃料。

ⓗ：死亡是永生的燃料。

「現在，你已能在阿曼提大廳裡自由的來去。選擇一個你想在人類之子當中擔任的工作吧。」

我回答說：

「哦，偉大的大師啊，讓我擔任人類的一名導師，在他們生死往返的途中從事引導，直到他們超越那暗夜帷幕的籠罩，且同樣成為光明，並在人類當中閃耀。」這個聲音回答說：

「就照你說的去做吧！你是自己命運的主人。你可依著意願，自由的取捨。拿著你能力和智慧的權杖，在人類之子當中綻放光明吧。」

之後，阿曼提的守護者帶我返回了人世。我便如同光明的太陽一般，在人類當中生活，並傳授他們我的經驗和智慧。

第二塊碑文篇後註以及各家論述的比較

[1] 有關亞特蘭提斯和阿曼提大廳的幾個名詞解釋：

（1）在第一塊翡翠碑文中，對亞特蘭提斯的描述是一個島（l'île），但此處卻說是一個大陸（continent），確實混淆。但可以確定的是：亞特蘭提斯是一塊被海洋圍繞的陸地，而且位於埃及西方的大西洋中。

（2）生命之廳（la Chambre de la Vie）是一個能為精神體和生靈提供生命能量的場域。

（3）圖特所說的死亡之廳（la Chambre de la Mort），與幾乎每個宗教都有的陰間概念，相似卻又極為不同。
A. 相似之處：皆為人類亡魂的去處之一。
B. 不同之處：
a. 圖特所說的死亡之廳（類似華人民間信仰中所稱的閻羅殿，或是陰曹、地府）只是位於異時空地心的阿曼提的一部份；也就是說，九泉之下除了陰曹地府，還有一些其他的界域。
b. 許多的神話和傳說都把死亡之廳的領主當成整個地心世界之神或之主，例如：古埃及的歐西里斯（Osiris），古希臘的黑帝斯（Hades），

印度和華人民間所稱的閻羅王（Yama Raja）或閻王爺（Yama）。

c. 某些宗教把人類亡魂去處之一的所謂地獄，描繪成一個亡魂受懲罰或
遭折磨的場域。然而，圖特所描述的地獄（阿曼提裡面的死亡之廳），
雖然也是許多人類亡魂的去處和暫時的禁錮之所，但卻完全與懲罰、
折磨、和受苦無關，而是一個讓亡魂取得光明的燃料，並提升光明度，
以便轉世重生的培育場。

以詼諧的比喻來說：陰間存在的目的就是把煤渣轉換成金塊！嚴肅的說：
陰間存在的目的不是懲罰，而是培育亡靈讓下一趟轉世於肉身的人類，
能展現造物者的無私大愛，也就是彰顯太乙大道的光明。此乃本書所揭
露極具爆炸性的秘密之一。更多的相關說明，請參考第十一塊碑文（上
下關係之鑰）的正文和篇後註 3。

（4）萬有之火（le feu du Tout）就是與地球上的一切，都相互關聯的能
源和生命能量。

[2] 光明之子乃天外而來的高智能先進精神體，怎會「迷途」呢？

這個問題若不解決，連譯註者自己都看不下去。故提供了下列資訊以供
參考。有些人確有通靈的能力，然其所理解的，不見得是全面或正確；
有些人宣稱受到外星人的教導，故對宇宙和人類的源起有某些理解。但
其中，能明確指出所受教外星人的來處，並擁有整套的宇宙中人種發展

紀錄者，只有生於瑞士，且僅有小學教育程度的農民比利・麥爾（Billy Meier, 1937 - ）一人。

據稱，因他擁有無法合成的上世紀的一些飛碟的舊照片，和人類目前文明尚無法製造的某種材料和器物，以致，不僅多國政要和科學家絡繹於途，IBM 也專門為此而成立了研究室。雖然，譯註者無法為這些傳聞背書，但在其所述的人種發展史中，竟也包括了蘇美和中國文明中的遠古神人。（http://www.billymeiertranslations.com/）

此君在一些敘述中提到，因宇宙中某些物種的強力擴張，導致了某些其他物種的流離失所。這個，會不會就是圖特所說，光明之子們迷途的原因？

所以，圖特這段的敘述或可理解為：光明之子們，因無法續存於原本的居所，故流離於廣袤的宇宙中；祂們在無意中發現了地球，並察覺到生活於其上的人類，被綑綁於死後的陰間黑幕之中。或因覺得可以提供某些幫助，或因本身也需要一個長久安居的處所，故而選擇了在地球安頓。

[3] 神魄（l'Esprit de la Vie）這個重要的概念，對於圖特當時的弟子與受眾，或許是想當然耳的基本常識，故在整部碑文裡只有一些間接的敘述。

以下的解釋，乃譯註者歸納圖特的零散敘述，並參考儒、道、釋、耶以及一些身心靈修習門派的通論所得，而且與本書所述的各種觀點並無相左之處：

神魄是人的生命能量，與華人俗稱的精、氣、神的概念是相通的。神魄與人體和健康有著直接的關聯。人的意念可以影響神魄。修行達人可以讓神魄協助靈魂，使其超脫肉身的束縛，翱翔於時空的限制之外，這也就是所謂的靈遊。

在某些特殊情況下，神魄則可能不受控於本人的意志，例如：（1）極度驚恐，（2）身軀奄奄一息，和（3）外靈附體。一般而言，「魄」須要附著於某種「體」而存在。體一旦毀敗，神魄則隨之逐漸消散。但若在肉身死亡的一剎那，心中懷著某些情境，則可能出現例外，例如：（1）極度的驚恐，（2）天大的怨恨，（3）無法割捨的牽掛。

人的官感與思維的意識一旦關閉或消亡，靈魂的意識便立刻甦醒。在上述這些的情境之下，亡魂可能藉著與神魄之間的一種特殊聯繫力量，不轉往陰間，而滯留於陰、陽兩界之間（中陰）。這就是一般華人民間信仰中所稱的冤魂或鬼魅；此與台灣民間信仰中所說的「好兄弟」是一回事。

孔夫子或儒家，真的不談鬼神之事嗎？

有些人，因為《論語・述而》說：「子不語怪力亂神」，以及《論語・先進》說：「未能事人，焉能事鬼 … 未知生，焉之死」等等，故認為儒家不談鬼神之事。但下列事證或許會讓有些人產生新的看法：

（1）孔子所著（或說是孔門弟子合著）的《易繫辭傳》，上、下傳共 24 章當中，就有 25 次談到鬼神。

（2）孔子雖然在《論語・雍也》中說「務民之義，敬鬼神而遠之，可謂知矣」，但到了自己病重時，照樣也求神保佑。《論語・述而》：「子疾病，子路請禱。子曰：有諸？子路對曰：有之。誄曰：『禱爾於上下神祇。』子曰：丘之禱久矣！」這段話的意思就是：孔子病重，子路請求一起祈禱。孔子問：有這回事嗎？（這有用嗎？）子路回答說：有的；〈誄文〉裡面就有為你向天神地祇祈禱的說法。孔子說：我已經祈禱很久了。

（3）自孔孟以降，儒家唯一一位被尊稱為「子」的大師，就是南宋的朱子，也就是理學家朱熹。他所著《朱子語類》的第 3 卷，共有 1 萬 5 千多字，所談的全都是鬼神，而且該卷的標題就是「鬼神」。

有些人，因為《道德經》雖然論及鬼神，卻無具體的申述，故認為道家只是純粹的哲學。殊不知，《莊子》裡對於靈修和靈魂逍遙遊，都有非常深刻的描述，例如：《莊子・大宗師》和《莊子・田子方》。這方面，在接下來兩塊碑文的篇後註中，還有更多的討論和原文的引述。

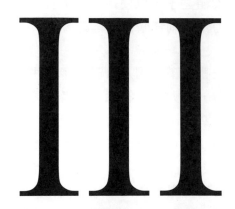

LA CLEF DE LA SAGESSE

第三塊碑文

智慧之鑰

我，亞特蘭提斯人，圖特，把我的智慧、知識、和能力，無條件地給予人類之子。以便他們能擁有智慧與能力，並在未來某時，用他們光明的力量來刺穿暗夜的帷幕。

人哪，不要因為自己懂了一些東西，而變得虛榮。要知道，智慧就是能力，能力就是智慧；兩者都是為了萬有的完美在效力。你必須與飽學之士交流，也必須與不學無術者交流。你應悉心聆聽每一位來找你的人，因為萬有中的一切，都隱含著智慧。

真理如陽光般的照耀著萬物，所以你不可以在邪惡發聲時保持沉默。違犯法律者必須受到懲罰，因為人的自由是透過法律而獲得的。

別讓恐懼把你壓垮，因為恐懼是把人們綁在晦暗中的枷鎖。你一生都要聽從你內心的指導。若你敞開心扉並遵行內心的忠告，那錢財對你將是無用之物。只要遵從你真正的心聲，你將永遠不會迷失。

有良好導引的人，就不會灰飛煙滅；不自我迷失的人，就能找到安全的坦途。

你要記住：與人相處時，你自己所具有的充滿睿智和體諒的愛，是人們願不願意對你敞開心扉的關鍵。

若有人來找你諮詢，你要讓他無拘束的說。如此，他才能表達他真正的意圖，也才能了解他自己內心真正的渴望。若他躊躇地不肯向你傾訴，那是因為他覺得你對他有所誤解，甚或是負評。

不要聽，也不要去複誦他的偏激言詞，因為那些話語所散發的，是一種失衡的能量。

要知道：安靜和聆聽，就能為你的諮詢者，提供了不起的智慧。雜言碎語的閒扯，是毫無意義的。

切勿自我抬舉，以免被貶的塵土不如。若你真的希望成為一位偉人，那就讓你的知識和你的仁慈成為原因吧。❶

如果你想瞭解某人的本質，不要去聽旁人的意見，而要在與他單獨相處時，一邊討論事情，一邊聽其言、觀其行。如此便能明瞭他的內心。若你與他分享一些你的隱私，他所隱藏的也將會現身。❷

愚者把智慧和知識當成愚昧，把有益之物反當成有害。這樣的人就像是活在死亡之中，而死亡就是他的食物。

智者讓他的心說話，但嘴上卻保持著沉靜。[1] 人啊，聽聽智慧的聲音吧，聽聽光明的聲音吧！浮現自宇宙的奧秘，正用它們的光芒照亮著世界。

❶：老子也說過類似的智語。《道德經》第66章說：「是以聖人欲上民，必以言下之。」意思是說，古代的聖人想要領導人民時，所採取的不是高高在上的態度，而是謙和委婉的言詞。

❷：以上這六段的內容，簡直就像是古代諮商心理師（Counseling Psychologist）所用的培訓手冊。尤其是最後這一句，與現代人際溝通技巧中所說的自我揭露法（Self-disclosure），幾乎是如出一轍。

想要從黑暗中釋放出來的人 **ⓒ**，首先必須把物質和非物質分開，也就是把火和土分開。下沉的土，會與其他的土合而為一，上升的火，也會和其他的火合而為一。

瞭解自己裡面燃燒著光明之火的人，就能自我提升，與永恆之火融而為一，並在那裡安歇，直到永遠。

人類內在的火，是所有力量中最強大的。因為它能穿透物質和世上的萬物。這種力量超越世上萬物。[2]

要知道，如果某種物質不存在，那它就必須被發明創造出來。人若要站立著，那腳下的地球也必須提供某種支撐的對抗力。如果缺了這種「對抗力」[3]，人便無法存在。

同一事物在不同人的眼中，呈現著不同的樣貌。無盡的光明之火亦復如是，它的顏色，時時在變，日日不同。

聽聽圖特的智慧吧。人就是燃燒著，並照耀著夜空的一把火。這把火，就算被黑夜的帷幕所籠罩，也不會止熄。

我深切的觀察了人心之後發現，每個人都帶著腳鐐手銬。哦，我的兄弟啊，若你不願被黑夜的陰影所吞噬，那就得把你裡面的光明，從枷鎖中

ⓒ：追求物質者，必將物化；追求精神者，才能脫離黑暗。

釋放出來。

你要注意聽我的智慧：在無形無限的意識之中，在閃耀光明的能量之中，名稱與形像 [4]，何時會停止存在呢？

人的靈魂在澄清了被暗夜帷幕所遮蔽的視線之後，祂在新的轉世輪迴中所將具有的形體，只是祂／他的某些前因，所造成的後果而已。在人從自己的軀體中釋放出來之前，祂都是被身體束縛著的一顆星星。要過了最後時刻的極端努力掙扎，祂才會浮出軀體，前往來生。

瞭解萬物起源❶ 的人，便可把他的星星從暗夜中釋放出來。

哦，人哪，要記住：所有的存在，都只是不存在的一個外在顯像。❷ 所有的外在顯像，也都正在過渡成另一種形態的存在；你自己也不例外。

你要去體會並感謝這個法則，因為這個道法存在於萬事萬物之中。

不要去追求這個道法以外的任何事物，因為那些都只是你感官所產生的幻影幻覺。[5] 認為這一切都不是幻覺的想法，就是最大的幻想。

只要人類之子迎向智慧，智慧就會迎向他們。光明已被隱藏了無數個世代。哦，人哪，清醒、明白起來吧！

❶：萬物起源（l'origine de toutes choses）在《翡翠碑文》裡是指創造的意念與法則（la Pensée et la Loi de la Creation），也就是第一塊碑文的篇後註10所解釋的道法或太乙。

❷：「存在」的是指有形和具像的物質，包括人的肉身。「不存在」的是指摸不著、無形、和不具像的東西，例如，道法、靈魂、和其他各種的精神力量。佛家的《金剛經》裡，有與此段的前半部，極為相似的教導。詳見篇後註5。

我已邀遊至生命奧秘的深處，去探尋被隱藏的真理。哦，人哪，聽聽我要告訴你的，並且變的明智起來吧。

在地殼下方的深處，阿曼提的諸大廳裡，我看到了對人類隱藏的奧秘。我多次的往返於這條深藏著的通道，尋找著賦予人類生命的光明。我在永恆的「生命之花」中，探究著人類的內心和秘密。我發現，人類有如活在黑暗之中，而渾然不知：偉大的「生命之火」[6]，就隱藏在人們自己身體的這個地球裡。

我現在教給人們的智慧，是來自阿曼提的眾位領主。而這些大師所擁有的偉大神秘智慧，是來自「無限終極」**❶**的未來。

我已向你揭示了七位阿曼提的領主。祂們是早晨之子的宗主、是各個循環層次的太陽、也是智慧的大師。

祂們並非人類之子。祂們的稱呼是：三、四、五、六、七、八、九。不具形像的祂們，把形像賦予了人類[7]。為了教導人類，祂們來自遙遠的未來。

祂們即沒有生命，卻又亙古不朽。祂們即不受生命的綑綁，也不受死亡的約束。祂們即依附於這些死亡大廳，卻又不受其制約。祂們借著無限的智慧，永遠地統領著各自負責的循環週期。這些萬物的領主們，擁有

---

❶：我們的宇宙，既有創始，也必有終結。只是，一個宇宙終結的同時，便是另一個新宇宙的開始。宇宙無限的如此終始循環，故稱為無限的終極（la fin infinite）。此說，在第七塊碑文（七位領主）裡，還有進一步的討論。

著人類所不理解的一種生命。祂們沒有任何的羈絆或束縛。祂們所具有的無上能力，來自於先天地而生的道法 —隱於微小，存於無形；即被理解，又不被理解。

「三」這位領主，掌握著所有隱密法術的鑰匙，祂是各個死亡大廳的創造者。祂所施展的能力，把人類之子的亡靈籠罩在黑暗之中。祂是人類之子所有負面因素的照料者。

「四」把自己從三的能量裡釋放出來，祂是人類之子的生命領主。祂自我顯現的形態是光明與火焰，祂是人類之子靈魂的救贖者。

「五」就是大師。祂是所有法術的領主，祂就是回響於人類當中，能發號咒語動令的鑰匙。

「六」就是光明領主。祂就是人死後，靈魂在隱藏著的通道中，所追隨的光明。

「七」是廣袤無垠的空間領主，祂也是時間的鑰匙。

「八」規律著進步和發展的階段；祂衡量並平衡著人類提升的進程。

「九」就是父親❾。祂自我顯現的形態是巨大的。祂成形於無形，而且還

❾：此處所說的父親，當然不是指圖特的生父（圖特的生父也是人類之子），而是指賦予人類形像的眾領主之主—九。（第七塊碑文有進一步的說明。）

在變化中。

好好的去靜坐修煉，以參悟我給你的這些象徵符號。這些都是先前對人類隱藏的鑰匙。黎明的靈魂啊，讓自己不斷的往更高的境界提升吧。把你的意念朝著光明和生命去提升。從這些數字的鑰匙裡，你將會發現，照亮你通往來生之路的光明。

你要去尋找智慧，並且要把意念轉向你體內的世界。不要阻斷自己「心靈」 ❺ 對光明之花的接近。你要在意念中，為這七個數字所代表的意境，各發展出一個形像，並在觀想中把這七個意像與你的身體結合－這七個就是「能引導你生命的數字」[8]。智者之路總是明朗的。你要做的就是，打開這道「光明國度的大門」[9]。

你要如曙光般的散發著光焰。你要移除晦暗並且正大光明的生活著。

你要把這七把鑰匙，當作你存在的一部份。祂們即是，又不是如表相所現。

❺：心靈（l'esprit）一詞同時包涵了：（1）自我知覺與意識（la connaissance de soi；self awareness）、（2）意念（la pensée；the thought）、（3）神魄（l'esprit；the spirit or life energy）、和（4）靈魂（l'âme；the soul）這四重意思。其中，（1）和（2）屬於一般心理學的範疇，故不贅述；第（3）請參考第二塊碑文（智慧之鑰）篇後註2的說明；第（4）請參考第一塊碑文（圖特的歷史）篇後註6的說明。

人哪，敞開你的心扉，接受我的智慧吧。為了人類後世的子孫，哦，跟著智慧的大師、跟著閃耀著曙光和生命的太陽、跟著我為你打開的道路，前進吧。

第三塊碑文篇後註以及各家論述的比較

[1] 智者讓他的心說話

讓心說話的意思是，用你真心的感受和整體的行為來反映你的關切，而不是只靠嘴巴，光說不練。老子也說過類似的智語。《道德經》第 2 章說：「行不言之教」；第 56 章說：「知者不言，言者不知。」《庄子‧外篇‧天道》中也有「身教勝於言教」的意思。

[2] 人類內在的火（le feu intérieur）是世上最強大的能量。

此處所說的火是指如火焰般的意念，以及它所代表的精神力量。人類意念的力量可以穿透世上任何的物質，例如所謂的心電感應，便可穿透所有物質的阻隔，甚至不受時空的限制。

美國心臟數理機構（HMI）2004 年的研究發現：人心所發出電磁場中的電場（electrical field），比人腦所發出的要強 60 倍；人心所發出的磁場（magnetic field），則比人腦的要強 100 倍。譯註者推論：人心主感性，人腦主理性，所以，感性（情緒）的力量 60 倍至 100 倍於理性。（www.heartmath.org/research/research-library/energetics/energetic-heart-bioelectromagnetic-communication-within-and-between-people/）

[3] 何謂：人類存活所需的對抗力？

圖特說：如果缺了這種對抗力，人便無法存在─這是甚麼意思？ 這個答案可一併回答，篇後註 2 的一個衍生問題：既然人的內在，擁有世上最強大的能量，為何人類不能像光明之子一樣？

就和宇宙中的一切一樣，人類的靈魂也是由光明所生的。人類的靈魂以目前軀體的形式生活著的目的，就是彰顯其創造者，也就是宇宙意識的光輝和榮耀。然而，在人們的生命經歷中，有些靈魂依然清澈明亮，但也有許多變得黑暗混濁。

為了實現大自然的設計，人類的靈魂一次又一次地獲得了轉世輪迴的機會。人類每次輪迴所寄住的肉身，雖是束縛，也就是圖特所說的對抗力─沒有它，人類就無法存在。同樣的，沒有它，人類也無從彰顯創造者的光明。

[4] 名稱與形像終將失去用武之地。

人類雖嘗試對所有具像和不具像的事與物，都加以命名並作解釋。然而，名稱一出現，人們的理解就被這個名稱所框限。圖特在第十塊碑文（時間之鑰）中說：我經常「冥想」著守護者的話語，以求解開時間的奧秘。他的意思是，真正高深的智慧，無法透過任何的名稱或形像來理解；想

要真正的領悟，唯有透過意識中的光明（圖特稱之為內在的火），也就是在等待著被喚醒的靈魂意識。印度教和佛教稱之為自性或本我。

道家和物理學家對名稱與形像有著極近似的言論：
《道德經》第 1 章的開篇就說：「道可道，非恆道；名可名，非恆名。」
譯註者的白話解釋是：大道是可以討論和講解的，然卻無法完整正確的用語言文字來表達。大道運行所產生的萬物萬像是可以命名和描述的，但那些名稱與描述都是有時而窮，而非恆久不變的。

量子力學創始人之一的維爾納・海森堡（Werner Heisenberg, 1901 - 1976）說：光線與物質都是獨立存在的東西，而兩者間明顯的雙重性關係（後來被稱為波粒二像論），卻無法用語言描述。（Light and matters are both single entities, the apparent duality arises in the limitations of our language.）

[5] 虛幻與真實：

一般人常說，耳聽為虛、眼見為實。但圖特說：所有的存在（實），都只是不存在（虛）的一個外在顯像。所有的外在顯像（實），也都正在過渡成另一種形態的存在（虛）。佛家和物理學家對於所謂的真實，也都有如下令人驚訝的類似說法：

玄奘

在近兩千年的漢傳佛教歷史中，最具傳奇性的人物非玄奘莫屬。一個 26 歲偷渡出境的和尚— 財物被洗劫一空，經歷了無數的天險和人禍，竟能在數年後安抵萬里之外的天竺國。

從零開始學習外語，最後竟獲得「博士」學位並擔任大學教授。在由國王所召開的，辯輸則斬首的，千人講經答辯大會中，他獨挑大樑且才冠群賢的壓過了所有的挑戰，而獲得了無上的榮耀。

在偷渡十七年之後，當他帶著 657 部經書返抵長安時，受到了皇室與民間如神人般的尊崇。在之後的歲月中，他完成了近 70 部佛經的漢譯，並開創了漢傳佛教八大宗派之一的法相宗（也稱唯識宗 Yogacara）。

圖 3.1：玄奘

他的經歷實在太過傳奇，以致在 900 年之後，還被寫入並成為了中國四大古典小說之一《西遊記》裡的第二男主角。

唐・玄奘翻譯的《摩訶般若波羅蜜多心經》（*Maha Prajnaparamita Hrdaya Sutra* 簡稱《心經》）中所說五蘊皆空的意思就是，人類透過眼、耳、鼻、舌、身這五種感官所察覺到的一切，都是空無虛幻的。而他進一步所說的「色即是空，空即是色」的意思就是，色與空（具像的與無形的）乃一體的兩面。

東晉時西域龜茲國的王子出家而成為法師的，鳩摩羅什（Kumarajiva）在他漢譯《金剛經》（*Vajra Sutra*）中說：「凡所有相，皆是虛妄。若見諸相非相，則見如來…如來說具足色身，即非具足色身，是名具足色身。…如來說世界，非世界，是名世界。」

阿爾伯特・愛因斯坦（Albert Einstein, 1879 - 1955）說：所有關於真實的數學法則，都是不確定的；所有數學法則裡面確定的東西，其所指的都不是真實的。（As far as the laws of mathematics refer to reality, they are not certain, and as far as they are certain, they do not refer to reality. *The Tao of Physics*, ch. 2, 1975 physicist Fritjof Capra.）

諾貝爾物理學獎得主尼爾斯・波耳（Niels Bohr, 1885 - 1962）說：" 若你還未被量子力學深深的震撼，那表示你還沒弄懂。所有我們稱為真實的東西，都是由非真實的東西所組成。"（If quantum mechanics hasn't profoundly shocked you, you haven't understood it yet. Everything we call real is made of things that cannot be regarded as real.）

《心經》

幾乎所有的漢語佛經，都是千百年前譯自古代印度梵文或巴利文，但也幾乎都相當的冗長且不明晰。唯有玄奘所譯的《心經》最精簡（共 260 字），除了少數幾個專有名詞和一句咒語，需要讀者額外的學習與參詳，其他的內容皆淺顯易懂，並無隱晦！或許，這就是《心經》之所以能成為漢傳佛教裡，從唐朝以來的約一千三百年間，流傳最廣的經文，而且也是玄奘之所以被公認為漢傳佛教三大譯師之一（譯註者竊以為：不是之一，而是第一）的原因。

《心經》（Maha Prajnaparamita Hrdaya Sutra）梵文的原意是：已抵達（故也能帶領你抵達）彼岸（永離人間之苦的涅槃）的偉大智慧的心經。其中的梵文：Maha 是偉大的，Prajna 是智慧，Paramita 是抵達了彼岸，Hrdaya 是心。

圖 3.2：《心經》（This *Heart Sutra* was written in semi-cursive style calligraphy by the annotator in 2014）

[6] 何謂生命之火？

隱藏於人體內的生命之火也就是圖特所說的生命之花和生命之光。此「火」，頗似印度傳統修行法門中所說的昆達里尼（kundalini，梵語意為捲曲）。瑜珈門派認為，昆達里尼是蜷伏於尾椎骨最底兩、三節之中的所謂拙火、靈量、或稱為靈蛇之力，也是人體內一種尚不為當今西方醫學界所明瞭的一種生命能量。

[7] 關於人類形像的創造：

根據《翡翠碑文》，人類的靈魂乃光明所生，而人類的形像則是由掌管各層次時空循環週期的七位領主們所共創。奇妙的是，《聖經》也表示了，人類並非耶和華一神所造，而是由眾神所共創。（原文可見於《創世紀》的第 1 章第 26 節，中文和合本：神說，我們要照著我們的形像，按著我們的樣式造人。）所以，我們或可暫時理解為：人乃由眾神共創，而非一神所造。

在聖經中，多次被描述過的耶和華的形像，與翡翠碑文中對眾位時空領主，尤其是對九這位領主，的描述一模一樣，都是如火焰般的光明（能量）。耶和華即無生物的形像和樣式，又怎能照著祂的形像和樣式創造人類的形體呢？

這個答案或許就在，譯自希伯來文的英文《聖經》（Orthodox Jewish Bible - OJB）裡，其中《創世紀》第 1 章第 26 節的兩個關鍵字「形像」和「樣式」，是「影子」（tzelem）和「血」（demut）。若把影子理解為意像的投射，把血理解為生命的能量，則不僅解答了上述的矛盾，也符合了《新耶路撒冷聖經》（New Jerusalem Bible - NJB）中《創世紀》第 6 章第 3 節的記載：「耶和華說：我的精神不能無限期地對人類 [的存活] 負責（OJB 版的用字是 strive – 努力），他們只是肉體；讓每個人的時間是一百二十年。」（Yahweh said, My spirit cannot be indefinitely responsible for human beings, who are only flesh; let the time allowed each be a hundred and twenty years. – Genesis 6:3 NJB）

此說呼應了希伯來文《聖經》（OJB）所意指的，耶和華的血（能量）灌注了並支撐著人類的生命。只不過，此說聽起來有點像是，因為顧慮能源不足，而限縮了智慧機器人的使用年限。

[8] 引導生命往來的七個數字：

這七個數字代表了阿曼提大廳中的七位領主，他們執行著某些與人類有關的宇宙法則，包括：（1）創造了人體和人類生命的整體設計；（2）提供了與人體相連接的七種能量和功能，可以幫助在世的人類靈魂通過冥想，而達到覺悟和天人合一的境界；最重要的是，（3）七位領主在人類亡靈前往新生的旅程中，提供著關鍵的自我洗滌的光明能量。

圖 3.3：十九世紀初手繪秘傳瑜珈術的七個脈輪圖，現存於大英圖書館。

有些印度的傳統修行法門，例如：印度的壇特羅密教（Tantrism）和秘傳瑜珈（Tantra Yoga），也在人身上標出了七個能量聚集場，稱為七個脈輪（nida-chakras）；（圖 3.3、圖 3.4）而且從底輪（root chakra）往上到冠輪（crown chakra），每個脈輪也都有一個相對應的代表形象，以供人修行時的觀想之用。這些法門與《翡翠碑文》所述的不謀而合之程度，實在令人驚訝。

[9] 光明國度的大門：

前文說過：偉大的生命之火，就隱藏在人們身體的這個地球裡。本段又再度強調：要把意念轉向你體內的世界。有些修行人，非常危險的誤以為，是要前往、去到、或是上升至外部的某個光明國度。圖特在此明白的指出：所要打開的，是自身中光明國度的大門。《新約聖經‧路加福音》第 17 章第 21 節說：神的國度就在你裡面。（[T]he kingdom of God is within you. - the Gospel of Luke 17:21 KJV）

這個大門一旦打開，你自然的就會天人合一、無所不在、開悟智慧、了參天機、同時享受著人間極樂。但若在靜坐時，觀想的方向或方式有所偏差，那就不只是修煉無果和浪費時間而已，這種偏差有可能給自身造成極大的危害，修習者不可不慎。後文對靈修的方法仍有關鍵性的指導。

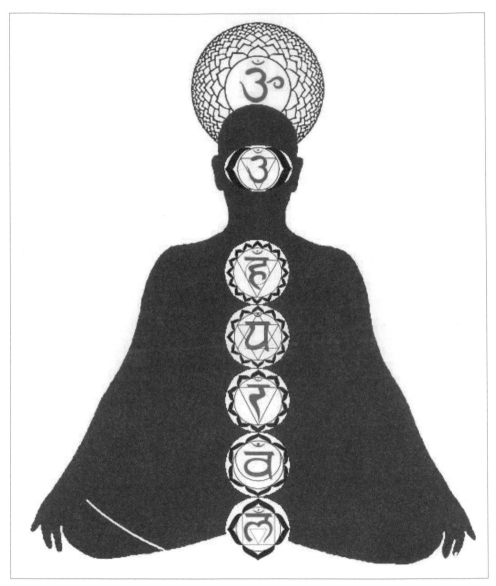

圖 3.4：現代人所繪的脈輪圖。照圖特的說法，這七個脈輪應是由下而上，而且是
　　　從三到九；3. 底輪，4. 骶骨／盆腔輪，5. 太陽神經叢輪，6. 心輪，7. 喉輪，
　　　8. 眉心輪／第三眼，9. 頂輪／冠輪。

IV

LE NATIF DE L'ESPACE

第四塊碑文

空間的誕生

人哪，聽聽我從宇宙循環之初，時空肇始之時，所搜集來的智慧吧。

我，屬於萬有的圖特，是人類的老師，奧秘的主人，清晨的太陽，是綻放著自己所有光芒的光明之子。

遠古以前，我在孩提時代美妙的亞特蘭提斯，凝視著星空，夢想著人類未知的各種奧秘。那個時候，我心中就燃起了，想克服困難而通往眾星的渴望。

我年復一年的尋求新的知識，追隨著智慧之路，直到最後，我的靈魂終於掙脫了枷鎖而展翅翱翔。我終於掙脫了地球上人類的侷限。脫離了肉體的束縛之後，我便躍入了夜空，眾星的太空終於向我展開了擁抱的雙臂。

我穿越了人類無法想像的無盡的太空。我在遙遠的太空和無限循環的光明之中，盡情的徜徉。我見到了各種，超乎人類所能想像的無比巨大的星球和奇異的世界。

我在眾星和太空中發現了完美的法則，而這些法則居然和在人類當中運行的法則一模一樣。我的意念，帶著我穿越太空。我靈魂的光芒，領著我經過無盡的美景。

我在一個美麗並充滿和諧的星球上停了下來。那裡的各種形物，與夜空中宏偉壯麗的星辰一般，都依照著完美的秩序在運動。它們井然有序的平衡，展現著一種和諧，這就是宇宙法則的象徵。

在旅程中，我經過了許多住著奇異人種的星球。這些星球的居民，有的已經演進到了如晨星一般的地步，有的則仍被暗夜所蒙蔽，被麻木所輾壓。但他們都珍惜著自己的進展，並填補著自己的漏洞。雖然，有時候目標清晰，有時候前景不明，他們都堅持著在向上提升，努力地增強著自己的光明。

人哪，光明是你所繼承的資產。要知道，黑暗只是一層面紗。而封藏在你內心的永恆之光，卻一直在等機會，想要掀開暗夜的帷幕，並獲得更多的自由。

我也遇到了和人類一樣的生靈，他們已征服了太空，不再受空間的限制。他們運用萬物中都存在的一種基礎力量，在遙遠的太空中建造了一個星球。他們借著萬物皆浸潤其中的這種基礎力量，從太空中凝聚和沉澱出具有樣貌的物質❶[1]，並使這些物質照著他們所設想的各種形狀而發展。❷[2]

他們擁有著難以置信的科學和偉大的智慧，他們已成為眾星之子。我在那裡停留了很久，細心的觀察他們的智慧。我看到他們用意念所建造的

---

❶：圖特在此段教導説，太空中不僅有物質，還有無處不在的基礎力量。而這個事實，當代天文物理學界從1933年之後才知道。請參考篇後註1裡，美國航太總署一篇文章的摘述。

❷：從太空中沉澱並凝聚出具有樣貌的物質，並使這些物質照著他們所設想的各種形狀而發展—這句話所説的就是意念造物。關於物理學家對意念與質、能關係的説法，請參考篇後註2。

一個個無比巨大的黃金和玫瑰之城。

太空是宇宙中的精髓，它是由一切物質基礎的「原始元素」 ⓒ [3] 所形成。
眾星之子知道如何在心靈中建構一個樣式，然後把從太空中凝聚出的物
質，變成所設想的形像，並且讓它自己開始成長。 ⓓ [4] 他們在遙遠的過
去，就已征服了太空，而且不需要再動手勞作了。

在我靈魂穿越宇宙的旅程中，我見到了遠古的事物，也見到了新的東西。
我瞭解到，人類也是來自太空的眾星之子，是太陽中的太陽。

要知道，無論身在何處的人類，他們與眾星都是一體的。他們的身體就
是環繞著中央太陽的眾行星。

看看太陽，看看地球，你就會明白他們是一體的。地球是一個內外反置
的太陽。當你自己這個地球內部的火焰浮現，並向外照射時，你就變的
像一個太陽，而且會去思考自己這個地球的所為何來。當你變成了智慧
的光芒，你就能如太陽般的在太空中自由的閃耀。你是那些在黑暗中綻
放光芒的太陽中的一個；你是那些成長於光明的太空之子中的一個；你
是同一個星系裡，群星們的一個兄弟。

正如眾星在曙光升起後，便脫離黑夜，並把它們的光芒與太陽的光芒融
合，靈魂也不停地把黑夜拋在後面，而前去與光明融合。靈魂和眾星一

ⓒ：這個原始元素就是：創造的意念、宇宙的運作法則、萬物的成長規律，也就是道
　　法。道、釋、耶三家的相關説法，請參考篇後註3。
ⓓ：念力造物和心想事成都是意念力量的彰顯。近些年來，心想事成法則的普及情
　　形，請參考篇後註4。

樣，都是原始的太空所生，而且充滿著流自源頭的光輝。太空即包圍著靈魂，又點亮著靈魂，直到靈魂自我釋放之刻。

把你的光焰，高高的照向黑暗的太空；飛離暗夜，去尋找你的自由吧。

知道了自己的靈魂已獲得自由，知道了自己的智慧將開始成長，我就是這樣的，在時空中旅行，直到最後我來到了一個，超越了知識與智慧而且超越了所有想像的一個領域。在那裡，人哪，我的整個靈魂被喜悅所淹沒 ❸，那時候我發現，我終於完全的自由了。

聽著，太空之子啊，你也能自由自在的活著。要知道，我們並非地球之子，而是無限的宇宙光之子。哦，人哪，你看不見自己所繼承的東西嗎？你看不出自己就是真正的光明嗎？ 當你獲得了智慧，你就會知道自己屬於光明，並將成為偉大太陽中的太陽。

現在，我把知識傳授給你。這些知識，能讓你自由的走上我為你開的路，並引領著你通往繁星。

哦，人哪，注意了，你要去瞭解自己的枷鎖，並去發現如何讓自己從奴役的勞苦中解脫。你終將浮出黑暗，與光明合一，與繁星合一。

要知道，只要繼續走在智慧的道路上，你就能從「次等的國度」❻中升

---

❸：圖特在本碑文的前幾段裡說，神遊時見到了無盡的美景，此處又說被喜悅所淹沒。圖特對神遊的描述，居然與《莊子‧田子方第廿一》中對老子神遊的描述一模一樣：「老聃曰：吾遊心於物之初，… 得至美而遊乎至樂。」

❻：次等的國度是指，人類的肉身。

起。「人類的命運」❿終將把你帶回「無限萬有的曲線」ⓗ [5] 裡。

哦，人哪，你必須瞭解，太空中處處都存在著秩序。不要想用任何力量去獲取它，因為它本來就無所不在。你能做的只是任其自行發揮。「秩序與平衡就是宇宙法則」[6]。只要遵循著這個法則而作為，你就會與「萬有合而為一」[7]。

任何想遵循智慧之道的人，都必須對自己體內的生命之花完全開放，並讓自己的意識脫離黑暗，翱翔於偉大萬有的時空之中。

寂靜。你首先必須做的就是保持寂靜，直到你不再受「各種欲望的束縛」[8]，包括想要說話的欲望。你一旦征服了寂靜，也就擺脫了表達的欲望對你的奴役。ⓘ

食物。年輕人，你還需要抑制吃喝，直到你克服了對食物的欲望為止。食物是對靈魂的束縛。ⓙ

黑暗。接下來，讓你自己躺在黑暗中，閉上雙眼，不要朝向任何的光源。把你靈魂的力量集中於意識的核心，以便靈魂脫離暗夜的綑綁。

透過觀想把自己化為能量。在心靈中放一個，你期望見到的景像。為了從暗夜中釋放你的靈魂，你要觀想著，你所化生出來的能量，把自己帶

ⓖ：人類的命運，並不是說人的一切皆命運所定，而是說：人雖然被賦予了自由抉擇的空間，但一切仍在宇宙法則或道法之內運作。

ⓗ：無限萬有的曲線是宇宙萬物成長法則的重要部份。請參考篇後註5。

ⓘ：從本段算起，往下一共四段，都是圖特所授的靈修法門。而其中前兩項的要求，就是要摒除各種欲望。這方面和佛家與道家所論，既有相似，也有相異之處。請參考篇後註8。

ⓙ：此段所言，表面上與許多宗教所說的齋戒類似。但是，圖特在此，說的更透，要求的更嚴。連食物都是對靈魂的束縛，遑論其他會上癮的東西。

入了這個景像之中。你必須全心全意的如此反覆觀想❸ [9]，這樣你的靈魂才能獲得自由。

宇宙火焰是一種語言無法形容的能量。它穿越著人類未知的各種層面，它令人生畏，且又維持著自己的平衡。它有秩序並和諧的移動著，而且還伴隨著人間難覓的美妙音樂。這個無限萬有的火焰，它用音樂說著話、用色彩唱著歌。

哦，我的孩子啊，你就是這個火焰的光芒，同樣是燃燒著色彩，而且活在音樂之中。聆聽著這個樂聲，你就會得到自由。❶

獲得解放的意識會與宇宙結合，而且會與萬有中的秩序融而為一。你看不見嗎，光明一定會在黑暗中綻放，它的光焰永遠在向前照射。這就是萬有的象徵。

複誦下列這個禱文，以得到智慧吧。祈禱萬有光明的出現吧。

「照耀宇宙且令人敬畏的光明神魄啊，讓我的光焰與祢的保持一致！萬有之火的磁力❶啊，讓我的火焰從黑暗中升起！令人敬畏且充滿大能的祢啊，舉起我的靈魂吧！光明之子啊，不要離開我，幫我引來能量，讓我能夠待在祢熊熊的爐火之中！光明神魄啊—祢賦予了我的生命，祢與萬有合一，祢與宇宙智慧一體！」❶

---

❸：許多宗教和修行門派，都使用某種的景像觀想法，例如：壇城就是西藏密宗修行的工具之一。請參考篇後註9中的圖例。

❶：所以，靜坐靈修就是透過意念和觀想，把自己化為光焰般的能量。當你看到自己與色彩共燃，而綻放著光芒，聽到美妙的音樂，並且感受著秩序與和諧之時，就是你靈修有成之刻。

❶：與太空中的粒子一樣，火也是以等離子體（也稱：電漿；plasma）的型態存在著。火就是一些帶電的粒子，包括離子和電子，所以，當然具有磁力（l'aimant）。

❶：這個禱文，也是靈修觀想的一部份。

一旦你的靈魂解脫了束縛，黑暗就會自動的退避。一旦脫離了把你綁在肉體中的枷鎖，你就能在無限的空間裡盡情的探索。哦，靈魂啊，如晨光中自由閃耀的太陽般，朝著各個光明的國度，飛升前進吧。

身為光明之子，你就是一個有序、和諧、而且自由前進的動能。去找到，並守好我智慧的鑰匙。你必將獲得自由。

第四塊碑文篇後註以及各家論述的比較

[1] 太空中的物質（暗物質）：

若根據早先科學家們的理解，太空中除了星體和星塵（或是加上人類所製造的太空垃圾）之外，本應是空無一物的，怎可能如圖特所說的從太空中凝聚和沉澱（condenser et précipiter）出任何的物質呢？

2017 年八月，美國航太總署（NASA）網頁上的一篇文章說：「目前人類科學家對宇宙的瞭解，只限於其中不到 5% 的物質。… 宇宙的成分中還有約佔 27% 我們尚無法直接觀察到的物質，似乎在發揮著某種引力作用，協助各個星系不致迅速的被拉扯開而越飄越散。」這些，當今科學家仍不甚明瞭的物質，被稱為暗物質（dark matter）。或許古文明所傳下來的記載，也有值得當今天文物理學家參考之處？！（science.nasa.gov/astrophysics/focus-areas/what-is-dark-energy）

上述美國航太總署的網頁上又說：「宇宙中還有一些無所不在的能量，這些能量佔了宇宙構成總體的約 68%，他們似乎是以流體的型態存在著，也似乎是因為這些能量，導致我們宇宙不斷的加速成長和擴張。雖然，我們已間接地證明了這些能量的存在，但對於這些暗能量，我們幾乎是一無所知。」經常是，越頂級的科學家越敢於承認自己的無知—值得讚許！

其實，何只能量是以流體的型態存在，圖特說：「物質是像河水般流動的液體」（第9塊碑文—打開空間之鑰），而且他還說：「時間總是處在一個，安靜且有韻律的漂浮狀態中」（第10塊碑文—時間之鑰）。看來，古文明的智慧，真有現今的天文物理學家們可參考之處！

[2] 科學家對意念與質、能關係的說法：

（1）意念與物質的關係：

意念會影響物質，幾乎是所有宗教和修行門派的基本共識，而且早在上個世紀，就已一再的被量子力學的實驗所證明。可惜，至今還有人選擇視而不見，甚至予以否認。著名量子力學雙縫實驗（Double-slit experiment）的結論，簡言之就是：實驗的結果，因人的參與觀察與否而改變。

除了量子力學之父，諾貝爾物理學獎得主，馬克斯・普朗克（Max Planck），極少有其他的科學家願意或敢於談論，物質的形成與意識（或意念）之間的關係。普朗克說：

「所有的物質都是借由某種力量而產生和存在……我們必須假設，這種力量的背後存在著一個有意識和智慧的心靈。這個心靈就是所有物質的矩陣。」（All matter originates and exists only by virtue of a force... We must assume behind this force the existence of a conscious and intelligent Mind. This Mind is the matrix of all matter.）「我認為，意識是基礎，物質是意識的衍生品。我們必須面對意識（這個前提）。所有我們談論的東西和所有我們認為存在的東西，其基本條件都是意識。」（I regard consciousness as fundamental. I regard matter as derivative from consciousness. We cannot get behind consciousness. Everything that we talk about, everything that we regard as existing, postulates consciousness.）

（2）能量與物質的關係：

愛因斯坦 1902 年最早發表的質能互換公式是 $M = E/c^2$（物質＝能量／光速的平方）。此公式的意思是：物質是能量的運動被降到極低時所產生的。這也就是圖特所說的「物質乃能量凝聚而成」。圖特所說的這個能量，就是道法和宇宙的意念，而人的意念正是宇宙意念的一部份。譯註者對此公式的理解是：唯有當意念中的自我意識清澈到接進零（亦即除以光速的平方）的時候，也就是幾乎達到完全無私無我的境界時，才能意念造物。美國公共電視網的下列節目裡，有與圖特類似的論述：（www.youtube.com/watch?v=Xo232kyTsO0）

[3] 形成太空的原始元素是一切物質的基礎，這個元素就是創造的意念，也就是道法。各家對此均有頗為相似的論述，現整理如下：

（1）圖特一再的指出：整個宇宙皆意念所創。

（2）道家說：超越時空限制的先天大道，是宇宙萬物的母親。《道德經》第25章：「有物混成，先天地生，寂兮寥兮，獨立而不改，周行而不殆，可以為天下母。吾不知其名，字之曰道，強為名之曰大。」

（3）佛家說：一切唯心造。《華嚴經》：「若人欲了知，三世一切佛，應觀法界性，一切唯心造。」

（4）基督教說：「這個宇宙是由上帝的話語所創造」─《希伯來書》第 11 章 第 3 節。（"[T]he universe was created by the word of God." - Hebrew 11：3）

[4] 意念力量原理的普及情形：

在過去這幾十年中，「意念力量的原理」已有了許多不同的名稱，例如：正面思維的力量、心靈的力量、吸引力法則、心想事成法則、成功學、無限潛能開發，等等。而且，在國防軍事、情報蒐集、警方破案、商業活動、心理治療、疾病療癒、運動培訓、潛能開發等領域也有相當程度的運用。

推廣意念力量原理的立意極佳。但少數培訓老師，為了迎合俗眾，而將此法引伸成了，爭名奪利乃至謀權騙色的秘術。其害人害己致鉅矣。因為，再高明的智慧或法術，一旦為私欲所用，自己便會墮入無底的深淵，淪為黑暗力量的奴隸，遑論其弟子和信眾們的境遇了。身為人生導師、靈修法師、各教派的神人、和靈媒們，真需深以為戒！

凡物由望生

1993 年起，陸續在湖北郭店戰國楚墓出土的竹簡，是迄今世界上發現最早（約西元前三百多年）的原裝書。其中《語叢一》的第一句話，就是「凡物由望生」。其意就是，萬物皆由願望和意念所生。

可惜，某些本應該是中立客觀的研究機構，或受意識形態的影響，把此句中的「望」字，硬套成了「亡」字，而解釋成了「無」。使得整句變成「物由無生」，而其意則變成了一般人的生活經驗所不認同的「無中生有」。「凡物由望生」這句唯心論的千古名言，就這樣的被挪移掉包了。

[5] 無限萬有的曲線（les courbes du Tout infini）：

無限萬有的曲線是宇宙運作與萬物成長的重要法則，也就是道法。譯註者所知的，符合道法的曲線有兩類，可細分為四種。因為此曲線的旋轉方向，對靈修和神遊時的觀想或意念引導至為重要，故一併討論如下：

（1）封閉型的單螺旋（single-helix spiral）
若從太陽運動的前方往回看，地球繞日的公轉便是一個逆時鐘的單螺旋。（若從地球的北極往下看，地球的自轉也是逆時鐘。）

（2）封閉型的雙螺旋（double-helix spiral）
生物學家說，四十億年來地球上所有物種基因（DNA）的旋轉方向都沒改變。若從成長的前端（上方）往回（下方）看，其旋轉的方向就是逆時鐘。（圖 4.1）

（3）開放型的費波那契單螺旋（Fibonacci spiral）
鸚鵡螺（nautilus）是地球現存最古老的生物之一，其生長型態就是，每個新循環以 1.618 倍的比例增加。以此比例成長的螺旋就是費波那契螺旋。（圖 4.2）這種規律是宇宙道法的一部份，它不僅影響著萬物，也影響著人類的心理和行為。長久以來，它廣為各界所運用，例如，美術設計、建築、和金融投資。

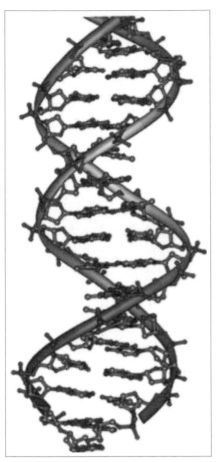

圖 4.1：所有物種基因（DNA）的
　　　　旋轉方向從前方往回看就
　　　　是逆時鐘。

圖 4.2：鸚鵡螺比例成長的螺旋就是費波
　　　　那契螺旋。

圖 4.3：2004 年哈伯望遠鏡所拍的 Messier
　　　　81 星系圖。

以金融投資為例，在沒有寡頭壟斷、大戶操縱、和政策影響的情況下，費氏螺旋對市場發展的預測具有奇效。不少資深的業內人士經常納悶：基於黃金切割率（golden ratio）的艾略特波浪理論（Elliott wave principle），為何有時準，有時不準？原因就是：只對金率與波論做二維的平面分析，當然會時準，時不準。譯註者：至少要四維的費氏螺旋，才可能符合道法。

（4）開放型的費波那契雙螺旋（Fibonacci double spiral）

A.2004 年哈伯望遠鏡所拍的 Messier 81 星系圖：（圖 4.3）此星系的旋轉方向：從望遠鏡的角度來看，它是逆鐘；但若另一台望遠鏡從此星系的背面拍攝過來，它就成了順鐘。因為不知此星系的前進方向，所以它的旋轉無法支持或否定譯註者所作「天道逆鐘旋轉」的註解，但至少它長的和颱風一樣是開放型的雙螺旋。

B.《古河圖》是一個開放型的逆鐘雙螺旋：（圖 4.4、圖 4.5）《河圖》裡一、三、七、九所連成的曲線代表陽，二、四、六、八所連成的曲線代表陰；這兩條曲線所形成的，就是一個逆鐘雙螺旋。《河圖》的義涵

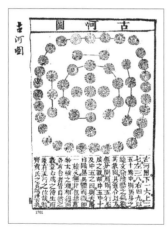

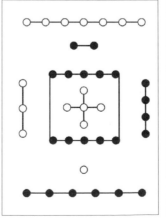

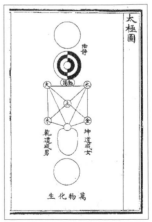

圖 4.4：明·來知德《周易集註》中的《古河圖》。

圖 4.5：現代人所繪的《河圖》示意圖。

圖 4.6：北宋·周敦頤《太極圖說》「太極圖」是開放型的逆鐘雙螺旋。

頗深，其中與本段相關且最簡單的解釋就是：「十」所代表的宇宙和其中「五」所代表的人類，皆陰陽兩儀的螺旋互動所生。《河圖》的由來和較深入的註解，請參考第十四塊碑文（神的屬性）中的篇後註2。

C. 北宋・周敦頤《太極圖說》中的「太極圖」（圖4.6）也是一個開放型的逆鐘雙螺旋。

D. 明・來知德《周易集註》中，包括先、後天不同八卦方位的太極圖，都是開放型的逆鐘雙螺旋（圖4.7）。順鐘旋轉的太極圖最早見於南宋・張行成《翼玄》中的「易先天圖」（圖4.8）。

太極圖的旋轉是順鐘或逆鐘，取決於觀察的角度，本無對錯；但若把逆鐘或順鐘旋轉的稱為「先天太極」，則是有問題的。因為，先天只有無極，太極出現之後的一切都是後天的。所以，不存在所謂先天的太極圖。同理，先天無極之時，也不存在任何的卦，何況是八卦。

（5）譯註者認為：雖然以上的各種例證都顯示，代表道法的無限萬有曲線是逆鐘的雙螺旋，但那都是從前方往回看，或是從上方往下看的結果。

圖4.7：明・來知德《周易集註》中，不同八卦方位的太極圖，都是開放型的逆鐘雙螺旋。

圖4.8：南宋・張行成《翼玄》中「易先天圖」的太極圖是順鐘旋轉．

若從反方向看，則是順鐘旋轉。譯註者之所以把道法的旋轉方向，統一的稱為逆鐘，是因為我們在靜坐靈修時，對體內雙股靈力互旋的觀想，是從上往下「看」；我們的天眼松果體在頭部，在上；而海底輪或下丹在盆腔，在下。

關於八卦的方位和順序

關於八卦的方位和順序，易學界常把：出自伏羲氏的稱先天，出自周文王的稱後天。相傳，此說源起甚早，後由北宋道士陳摶整合並傳授。以文獻而言，此說最早見於北宋・邵雍的《皇極經世書》，而所謂先天的「伏羲八卦方位圖」最早則是見於南宋・朱熹的《周易本義》。

此說在易學界流傳頗廣，據稱是出自古代堪輿學的「先天太極八經卦」。堪輿學應該是衍生自《易經》的一種應用，問題是《周易》中的《十翼》裡並沒有天道左旋、地道右旋的概念，故應是後代方士自創的。

另外有人認為，此說是來自「卦序」搭配「卦位」的走向：

· 根據西漢末·京房《京氏易傳》中十二消息卦（也稱辟卦）搭配
　節氣的循環：陽氣的成長方向，確實是從復卦向左旋而終至於乾
　卦；而陰氣的成長方向，確實也是從姤卦向右旋而終至於坤卦。
　若把陽氣和陰氣的成長方向，分別解釋為天道和地道，似可推論
　出天道左旋、地道右旋之說。

· 根據北宋·邵雍《皇極經世書》中伏羲八卦的卦序與卦位：乾卦
　的前進走向，確實是乾（1）向左轉，到了兌（2）再往下走；而
　坤卦的抵達來向，確實也是巽（5）向右轉，到了坎（6）再往下走。
　若把乾卦的去向和坤卦的來向，解釋為天道和地道，似乎也能推
　論出天道左旋、地道右旋之說。

天道左旋、地道右旋的說法，若是當作古人觀察天文和地理時，所
形成的一種相對的理解，則無可厚非；但若把此說套入易學系統，
則大謬不然。因為，此說違反了《道德經》中「地法天」的基本原理。
《道德經》第 25 章說：「人法地，地法天，天法道，道法自然。」
所以，道家和道教理論中的人道和地道都只能和天道一樣，要嘛都
是左旋，或者都是右旋。

古人所說的左旋，到底是順鐘還是逆鐘？

古人所說的天道左旋是指，從地面往天空看時，眾星所展現的逆鐘旋轉。譯註者此解的佐證是南宋・王應麟《六經天文編》第 41 章中所說的：「天道左旋，日體右行，故星見之方與四時相逆；春則南方見，夏則東方見，秋則北方見，冬則西方見。」若依王氏所言，即表示：最晚從西漢開始，中國古人所說的左旋就是指逆鐘旋轉。其實，王氏指出的天道逆鐘而旋，與圖特所說向上向右的逆鐘螺旋，是個完全相反的美麗誤會；因為圖特的逆鐘轉是從上往下看，而王氏的逆鐘轉是從下往上看。

順鐘右旋的太極圖，常被當今的某些道觀，或是以《易經》為招牌的卜卦算命館，解釋為應世運用。其實，此圖是逆鐘或順鐘都可以解釋成應世運用，但若被冠以先天或後天的名稱，則謬矣，因為稱「先天」是自相矛盾，而稱「後天」則是贅述。

[6] 圖特所說平衡的宇宙法則，與道家所說的天道若合符節：

《道德經》第 77 章說：「天之道，其猶張弓與！ 高者抑之，下者舉之；有餘者損之，不足者補之。天之道，損有餘而補不足。」 損有餘而補不

足就是平衡。

[7] 中國和印度都有與「順天而為、萬有合一」極為類似的觀念：

（1）儒家：東漢・董仲舒《春秋繁露・深察名號》說：「天人之際，合而為一。同而通理，動而相益，順而相受，謂之德道。」
（2）道家或道教：
　・《黃帝內經・靈樞・歲露論》說：「人與天地相參也。」
　・《黃帝內經・素問・脈要精微論》說：「微妙在脈，⋯與天地如一，得一之情，以知死生。」
　・《莊子・內篇・齊物論》說：「天地與我並生，萬物與我為一。」
（3）印度教和瑜伽等修行門派，幾乎都稱此境界為梵我合一。

[8] 圖特所授靈修法門的前兩項要求，就是摒除各種欲望。這一點與佛家和道家所論，有相似也有相異之處，試介紹如下：

（1）相似之處：修行首先就是要去掉各種欲望的束縛。在這一點上，各家都是相似的。

道家的靈修法門，最早見於《道德經》第 16 章中的第一句話：「致虛極，守靜篤」。所以道家和圖特同樣都要求保持寂靜。《道德經》第 64 章說：「聖人欲不欲」，所以道家的修行同樣是要移除私欲。

儒家典籍中，雖無靈修方面的直接論述，然而《莊子‧大宗師》卻有所引述：「仲尼蹴然曰：何謂坐忘？顏回曰：墮肢體，黜聰明，離形去知，同於大通，此謂坐忘。」此乃原始道家對靈修所做最深入的敘述，且竟與圖特所說的幾乎一模一樣。

漢傳佛教的禪修，講究無心、無念、無相、無我，等等，所以當然就是要「無欲」。著名的相關經文很多，例如：《雜阿含經》的諸法無我，《金剛經》的無住生心，《六祖壇經》的無念心和無相心，等等。

（2）相異之處：道家說虛極，佛家說空無，指的都是要放下所有一切的意念和欲望，包括：想要成仙、成佛的意念和欲望。但圖特所說要移除的欲望，是指會綑綁靈魂的肉體和物質慾望，而非追求光明和自我提升的精神面的欲望。另外，早期道家的坐忘和傳統漢傳佛教的禪宗，都未見觀想或意念引導方法的傳承（也許有少數不為人知的私傳？！），而圖特所授的靈修法門，則專注觀想和意念引導。

靜坐和靈修時所採用觀想和意念引導的方式，至少包括：動狀、圖像、感受、聲色、呼吸。而且各門派的方法，都是身心靈與自然界關係和特性的運用。若依靈修入門方法的取向，主要可分為下列三大類：

A. 老莊道家的坐忘：

觀想或意念引導，雖未見早期文獻的記載，但後來道教的內丹修真，則有以呼吸吐納為憑藉的觀想法，並流傳至今。

B. 漢傳佛教禪宗的禪修：

禪宗的止觀法並不講究觀想或意念引導。淨空法師說，止是放下，觀是看破。惟其法已散佚，僅存隋初天臺宗智顗師父自創的所謂小止觀（後稱止觀雙運，也稱定慧雙修）的一些理論文字。此法雖屬正統理論下的方便法門，然因不見施行細則，故資質夠的修行者不需要；資質不夠者則無法獲益。

中土禪宗的達摩祖師其實也是一名得道的瑜珈士，而他的修練方法多被弟子用與武術結合，而未見在心靈方面發揮的紀錄。悟性通天的南禪大師六祖惠能，雖創頓悟法門，然未見可操作的方法學來助人悟。禪宗自唐後式微，直到清末才出了振興禪學的虛雲法師；雖然大師的佛學境界為中外所景仰，但同樣都是理論，而缺修行細則。以上乃漢傳禪宗缺乏靈修方法學的歷史背景。台中南普陀佛學院宏吉法師《談僧伽禪修教育》文章中對於漢傳禪修缺乏實修法有非常深入的探討。（https://www.fozang.org.tw/mag_article.php-id=224.htm）

C. 中東和印度傳統的靈修、東南亞上座部佛教、藏密、以及漢傳淨土宗：

這四大流派靈修法的源頭極為近似，當然也都運用了觀想和意念引導。中東和印度所採用的方法最為博雜，包括：脈輪法、轉輪法、旋轉法、搖晃法、景像法、音頻法，等等。

關聖帝君怎麼變成了伽藍菩薩？

華人世界道教的神明中，信徒人數名列前茅的關聖帝君，在近幾十年中被台灣某些佛教的經營者，從隋朝初年的佛教僧院保鏢，晉升成了伽藍菩薩。當然，把關帝伽藍菩薩像擺在佛寺裡讓人供奉，無形中會擴大該寺的信眾基礎。道教的一些宮廟自然也不遑多讓的，在原有關聖帝君的雕像下加貼了伽藍菩薩的標籤，以廣招徠。（伽藍一詞是梵語 sangharama，掐頭去尾留了中間 gharam 兩個詞素而成的中文翻譯；原義是僧院，後引申為僧院護衛。）

關老爺和佛教發生關聯的始作俑者，是南北朝和隋初的天才型傳教家（據傳，和項羽一樣都是目有雙瞳）智顗師父。據聞，智顗師父在荊州地區召徒募款建寺期間，有一次在修行時見到關王（關老爺到當時為止的最高爵位封號是侯，而不是王）父子前來乞授五戒；師父因受感動，故授予高一級的菩薩戒。此後關王漸被視為僧院和佛寺護法的伽藍神。不世出的行銷高手如智顗師父，恐亦難想像的到，他所宣稱在靜坐冥想中授予菩薩戒的關老爺，日後莫名其妙的就變成了菩薩！關於此傳說的詳情，請見被乾隆時的中華《大藏經》所拒錄，卻被日本《大正藏》收錄的南宋·志磐和尚所著的《佛祖統記》。

東南亞上座部佛教有保留完整和解說精細的內觀法（Vipassana）。藏密有觀感強烈的壇城法（Tantrism），和近年來在全球推廣的破瓦法（Phowa）– 屬於可自助並助人往生的方便法門。

淨土宗靈修時所採的觀相是景像法的運用，而所採的持名則音頻法的運用。當然，所有法門核心中的核心，仍然是自己的心念。

圖 4.9：紐約市魯賓藝術博物館（RMA）所藏的阿彌陀佛壇城（Mandala of Amitayus）。

[9] 許多宗教和修行門派，都使用某種的景像觀想法（Visualization）。西藏密宗修行工具之一的壇城（Tantra，梵語原意為編織，引伸為法理）也稱為曼陀羅（Mandala），（圖 4.9）以其形像生動、色彩瑰麗、並嵌入幾何圖案，效用頗著。藏密的壇城修行法，源自於印度的壇特羅密教（Tantrism）。

V

L'HABITANT DE UNAL

第五塊碑文

悟那樂居民

我常夢見被埋在黑暗歲月裡的亞特蘭提斯，它的光明曾照耀著數千年的黑暗。居住於此的奧赫力特領主，以祂絕妙的大能，治理著地球上所有的物種。

祂是「悟那樂」**ⓐ**的大師，居住在祂寺廟的殿堂裡。祂是那時各國的國王，智者中的智者，「順得樂」**ⓑ**的光明，也是亞特蘭提斯時代中，地球的光明和地球與其他時空通路的守護者。奧赫力特大師來自另外一個世界。祂雖然應化成了人類的身形，但祂的知識遠遠的超越了其他的人類。祂就是那個時代的太陽。

祂是宇宙智慧的擁有者。祂教導了人們，光明之道和意念造物的方法。祂已掌握了黑暗，並且已帶領人們的靈魂，到達了與光明合一的境界。

祂具備了「意透蘭」**ⓒ**的能力。祂知道如何從太空中，凝聚出可觸摸的物質，並形成祂意念中的模樣。

這些可觸摸的物質是由能量轉化而來的；而這種能量，在轉化成物質之前就是光明的本質。這種能量存在於太空之中，似黑非黑，[1] 而且如時空一般的難以理解。

祂把陸地分成十個王國，並授權人類去管理。在第十一個王國裡，悟那樂的居民運用了「創建宇宙的原始意念之力」**ⓓ**，照著他們的想法，構

ⓐ：悟那樂是大寺廟所在地的名稱，也是當時地球上人類的行政中心。

ⓑ：順得樂是指當時的人類世界。

ⓒ：意透蘭（Ytolan）是一種能創造並支配物質的意念力量，也就是第四塊碑文（空間的誕生）中所說的萬物中都具有的一種基礎力量。此段所言的意念造物，其實只是一個小規模的意念創造宇宙。時至今日，越來越多的天文物理學家承認：我們的宇宙是來自某種智能的設計，而非機率的偶發事件。

ⓓ：悟那樂的大師奧赫力特，和悟那樂的居民（也就是那些光明之子），同樣都具有意念造物的能力。

築出了精妙絕倫的寺廟。這座寺廟開始不斷地成長，直到它的燦爛涵蓋
了整塊陸地。[2]

第五塊碑文篇後註

[1] 圖特說，太空（l'éther）中充滿著的能量，就是光明的本質，而且這種能量 似黑非黑。我們這個文明的科學家，直到上世紀 30 年代才推測出：宇宙中應該還有我們尚無法直接測量的能量，後來統一被稱為暗能量─豈非太過巧合了！

[2] 第五塊碑文為何如此短？

無論是譯註者所採用的法文底本，或是杜瑞歐的英譯本，本碑文（悟那樂居民）的篇幅都很短，可能是在古代就已佚散。英譯本裡多出了一些資訊，包括：悟那樂的大寺廟、埃及的大金字塔、和蓋在太空船上方的人面獅身像，都是運用意透蘭之力所建。不過，這些內容，在法文本的其他碑文中，也都直接或間接的提到了。英譯本裡特別的額外訊息是：「當人類被來自地球內部的生靈侵略時，要用圖特留下的太空船去擊敗侵略。」 此外，英譯本多出來的其他篇幅，說的幾乎都是一些空泛和重複的內容。

VI

LA CLEF DE LA MAGIE

第六塊碑文

法術之鑰

哦，人哪，聽聽法術的智慧吧。聽聽已被遺忘的知識吧。各種巨大的能力就藏在其中。

黑暗與光明的戰爭，早在人類之初便開始了。從那時起到如今，人類都是集光明與黑暗於一身。[1] 光明與黑暗的戰鬥，便是如此，在所有的世代和空間中，無休止的進行著。

世世代代以來，兩個陣營的成員，使用著人類未知的許多奇怪能力，勇敢的彼此戰鬥著。有的時候，黑暗的成員們逼退了光明，但光明大師們屢屢奮勇的抗拒；每一次，光明騎士們都對暗夜做出有力的反擊。

在非常久遠以前，來自更高層次的一些朝陽，見到這個世界遭受著暗夜的侵略，古老的光明與黑暗之戰，就此拉開了序幕。當時，眾多的早期人類都充滿著黑暗，光明僅如黑夜裡一盞微弱的火焰。黑暗的大師們企圖將人類拽入暗夜，並加強對所擄獲人類的綑綁。祂們使用的是一種能完全籠罩人類靈魂的黑暗法術。

長久以來，黑暗的兄弟們 [2]，組成了嚴密的會黨，與人類之子對立。祂們總是來去無蹤的，在黑暗裡隱密的行動。祂們無聲無息的施展著各種能力，綑綁並奴役著人類的靈魂。

正是因為人類的無知，才把祂們從陰暗的低處召喚了上來。

這些黑暗兄弟出入所用的黑暗途徑，不同於夜晚的那種黑暗。祂們也使用各種黑暗力量，招引黑暗世界裡其他成員的加入。祂們所用的這些黑暗的違禁知識，是非常屬害的。

祂們可以經由人類的睡夢，在這個世界上移動。祂們也可以借此，闖入人類的心靈，並將其籠罩在黑幕之中❶。如果當事人放任不理，那終其一生他的靈魂都會被綁在黑暗的枷鎖中。

哦，人哪，你要專心聽我的衷告，以便解開暗夜的禁錮。不要讓你的靈魂屈從於黑暗兄弟。你要朝向永恆的光明。要知道，苦難是來自於暗夜的帷幕。聽我的警告，你要不斷的力爭上游，並使你的靈魂轉向光明。

要知道，這些黑暗兄弟希望在光明途中尋找入夥者。因為祂們非常清楚：越是在光明道上有所進展的，就越有本領把其他光明之子綁在黑暗之中。

哦，人哪，你要仔細地去聽，找上你的靈或神明，[3] 到底說些什麼。你要仔細的評估，祂所說的話「是不是屬於光明」[4]。有很多黑暗兄弟所具有的黑暗，也散發著耀人的光彩，但祂們並不是光明之子。祂們的路徑很容易跟隨，祂們所指出的道路，也都特別的誘人。

哦，人哪，聽聽我的警告吧。光明只會降臨在堅持奮鬥者的身上。通往

---

❶：此段所說的，黑暗兄弟闖入人類的心靈的方式：不只是託夢，還包括所謂的附身和撞邪（也稱卡到陰）。

智慧的道路上有著重重的高山需要攀越。不要讓自己在途中，被追逐物質的錯覺所欺瞞。我們所要努力追求的，是增強自己內在的光明能量，一種如太陽般能穿越暗夜的光明能量。

只要看看宇宙中無數的太陽和繁星，你就會知道，它們的光芒都已穿越了無盡空間中的黑暗，而且仍然完好的在閃耀著。這就是我們必須做的努力。這些光明的太陽之所以能恆久，正是因為他們不懈的努力。這可不是輕而易舉的小任務啊。

哦，人哪，要知道，能堅持於光明之道者必獲自由。千萬不要成為黑暗兄弟們的工具，因為那條路將削弱並最終消滅你所有的光明。

你要永遠與我們在一起，待在恆星群中，當一個光明之子。要知道，最終永遠是光明征服黑暗。

哦，人哪，留意我的智慧：光明和黑暗一樣–隨時隨處都在施展著能量。**ⓑ**

ⓑ：最後這兩段的意思是：1。要堅定自己追求光明的信心，2。要隨時自我警惕，以免被黑暗（私欲）所綁架。

第六塊碑文篇後註以及各家論述的比較

[1] 人性的本質是什麼？

先秦諸子對人性多有論述，一般認為：孟子主張性善，荀子主張性惡，告子主張無善無不善，世碩主張善惡兼具。圖特雖然在本碑文中說：人是集光明與黑暗於一身，但圖特前文有言：「人的本質是光明，…〔因為〕人乃光明所生。」所謂的善與惡都只是社會層面的屬性。圖特則不以善或惡來作區分，而用光明與黑暗來描述人和人的本質，因此除了涵蓋了社會層面，還納入了身心靈的層面！

[2] 黑暗兄弟（Les frères de ténèbres）是什麼？

黑暗兄弟是來自陰暗的低處，想要綑綁並奴役人類靈魂的某種精神體（spiritual beings），也可將其視為邪靈。

[3] 黑暗兄弟（邪靈）的顯現型態？

想把人拉入暗夜禁錮的黑暗兄弟，能以人形或其他形像（包括以神明的形像，例如：佛祖、菩薩、關帝，等等），在人的面前出現，也能以各

種形像在人的夢中或靜坐冥想中出現，甚至直接附身並控制人的身體。

[4] 如何辨識黑暗兄弟，以免被誘騙而墮入暗夜的禁錮？

辨識的方法就是去注意：祂們與你溝通的內容，是否屬於光明。下列幾種情況，尤為典型：

（1）利誘：若對方提供你好處，當作為祂服務的交換條件，例如，讓你掌權、得到名利、或是讓你擁有某種神通。這種當然不是屬於光明。

（2）恐嚇：若對方要求你去做某些事，你若不肯，則以某些損失或災害來恐嚇你。這種絕對是假神明、真邪靈。

（3）以造福大眾來包裝祂自利的目的：宣稱是為了大我服務的，不一定就是真正屬於光明，因為：高明的黑暗經常有著亮麗的包裝，例如，某神明託夢說：你要想辦法幫我修廟或加金身，等等，以便我來造福庇佑本地百姓，這也是黑暗兄弟幹的事。真正的神明是光明的，會無條件的維繫天道，也會無條件的回應善意公益的祈求。真正的神明是：無私則應、心誠則靈：完全不需要任何的奉獻或供養，例如，燒紙錢或獻祭品。人類自己就已經相當擅長把自己黑暗的目的加以合理化，甚至光明化，更何況是法力不見得低的黑暗兄弟！

譯註者補充：

杜瑞歐英譯本的第六塊碑文（法術之鑰）中，呈現了譯註者所依據的法文底本中沒有包括的內容。為避免法文底本的疏漏，特將英譯本中該部份的內容附於此處，以供讀者參考。

法文底本所少的內容：有七個數字，若當作咒語使用，可以幫助人類靈魂脫離黑暗的綑綁。這七組語音，分別代表著某一種古代語言裡的：三、四、五、六、七、八、九，這七個數字。這七組的語音是：「汶塔納思，歸雅塔思，奇業塔樂，夠雅納，悟艾塔樂，山姆維塔，阿赫達樂」（Untanas, Quertas, Chietal, Goyana, Huertal, Semveta, Ardal）。這組七個數字的咒語，其背後的意思是：照耀黑暗的七位光明神魄啊，請充滿我的靈體，讓我脫離暗夜的束縛吧！

以上這七個數字的意思，表面上看是代表阿曼提七位不同循環層次領主的名字，但譯註者綜合了全書各相關論述後的理解是：這七位領主也代表人體的七個脈輪。若英譯本以上的內容，非虛構且無誤傳，則在靈修當中，把這七位領主的名字，依序當作咒語來吟誦，有助於這七個脈輪陸續的接通；接通之後，人的靈魂便脫離了黑暗（肉體）的綑綁，而與光明融合。

VII

LES SEPT SEIGNEURS

第七塊碑文

七位領主

聽聽我的聲音吧，哦，人哪，打開你心靈的空間，來飲用我的智慧吧。

生命的旅程，有晦澀、也有陷阱。所以，你必須努力不懈的追求智慧，以照亮你旅途。

打開你的靈魂，讓宇宙的能量流入，並與你的靈魂合而為一。

要知道，光明是永恆的，而黑暗只是過渡。你要不停的追尋光明，因為當光明充滿你身心靈的時候，黑暗就會消散。把你的靈魂對光明兄弟打開，讓他們進來用光明將你充滿。

抬眼看看宇宙的光明，把注意力集中在目標上。只有透過智慧之光，你才能與無限的目標合而為一。不斷的追尋「永恆的太乙」**ⓐ**，不斷的把自己導向目標所在的那個光明。光明乃無窮無極，而黑暗只是有限的帷幕。不斷的去撕開黑暗的帷幕吧。

聽啊，哦，人哪，聽聽我唱的光明樂曲和生命之歌吧。

你可以確信，在廣袤無垠的宇宙創造中，光明始終都居於支配的地位，而且環繞著所有「如火焰般的旗幟」**ⓑ**。因為無限隱存於有限之中，所以你要不斷的鑿穿這層有限的帷幕，以尋獲光明。同樣的，你也會發現，無所不在的無限智能，漂浮於萬有之中。**ⓒ**

ⓐ：永恆的太乙（l'éternel Un）就是無限光明（亦即梵語阿彌陀佛Amitabha的意思），就是太一、太極、上帝、天道、大道、道法、先天元素、基礎力量、宇宙意識、無所不在的能量、資訊場、和無限智能，也就是創造宇宙的意念，和萬物運作的法則。

ⓑ：如火焰般的旗幟是指宇宙創造進程中的標竿或指標，也就是指區隔事件的時間。

ⓒ：無限光明的永恆太乙（有些像前臺大校長李嗣涔所說的高智慧資訊場）無所不在，當然也存在於我們的心靈中；人只要鑿穿和撕開肉體這層有限的黑幕，便可達到萬有合一（les Uns deviennent Un）。

一切皆由秩序所創。這個法則，規律著無窮無盡的空間，引導著一個個偉大的時代，和諧平衡地朝著「終極的永恆」❹前進。哦，人哪，所謂的無窮無盡（永恆），在遙遠的時空裡還是會轉化的。

仔細的聽著我智慧的聲音，要知道：一切永遠都在萬有之中。

要知道，你遲早會在途中發現更多的智慧和光明。

你的目的地是會移動的。每當你覺得接近目標的時候，它就會害羞的躲得更遠，而且還會以不同的形態出現。

在很久很久以前，守護者把我，圖特，引導到了阿曼提的諸大廳，讓我出現在各個宇宙循環層次領主們的面前。祂們有許多的大能和高超的智慧，都還沒有對我顯示。

那時候，我已經可以自由選擇，去成為他們當中的一員。但我更願意繼續走我原來的路。

我常經由暗黑的通道，下到永世閃耀著光明的大廳，去向這些大師們學習來自無限萬有的知識。

我所提出的各種問題，祂們都做了極睿智的回答。所以我現在才能向你

❹：所謂終極的永恆（l'éternité de la fin），意思就是下一句所說的：永恆，在遙遠的未來時空裡，還是會轉化的。

提供，這些來自無限火焰的智慧。

統領著七個循環層次的七種不同型態的意識，就藏在「這些暗黑的大廳」 **e** 之中。直至今日，這七種大能還在為人類提供著祂們的各種訊息。**f**

我總是和祂們靠的很近，以領會祂們無聲的話語。

有一天，祂們對我說：

「哦，人哪，
你想獲得更多的智慧嗎？
那就在閃焰的中心尋找。
你想知道能量的奧秘嗎？
那就在閃焰的中心尋找。
你想與閃焰的心合為一體嗎？
那就透過你自己那個隱藏著的閃焰來尋找。」 **g**

長久以來，祂們教導了我，來自上層的智慧。祂們為我指出了，通往光明的一些新路徑。祂們也告訴了我，來自萬有法則的可操作性知識。

祂們又對我說：

e：這些暗黑大廳並非一般人觀念中的陰間，而是阿曼提中陰間以外的一些界域。

f：這些各個循環層次的領主們，都是一種有意識的精神體。若從人類的角度來認知：祂們都是「神」。這些神的任務是執行萬有法則（天道），而這些法則就包括了，持續地為人類提供各種訊息。根據圖特所做的描述，這些神明的任務包括了為人類服務。

g：領主們的提示是：人要透過自己心靈中光明的閃焰，來獲得智慧與能量。

「人哪，我們的來處，遠在你所居住的時空之外。我們的旅程早已超越了時空的極限，我們的來處就是『無限終極』[1]的起源。早在你和你的族類出現以前，我們就已經形成於萬有法則之中。我們不是人類，然而我們也曾經是人類。我們是宇宙萬有法則，直接從『無極』[2]之中創造出來的。現在你知道了：『具相就是無相』[3]，形像是為了視覺而存在的。」

這七位接著說到：

「圖特，你是光明所生。你可以在光明的道路上自由的旅行，直到你與萬有合一。

要知道，我們是依照3、4、5、6、7、8、9的自然秩序而形成的。

我們也是照著這個順序，化身於人世的。

我們每一位都有自己的角色，也都掌控著各自特定的能力。我們與各自所負責循環層次裡面的靈魂，也是融而為一的。

我們也有追求的目標，不過這個目標，超過了人類的理解範圍。太乙的成長，超越萬有。

在未來的某時，我們都將與，比萬有更偉大的太乙❶，合而為一。

時間和空間都在旋轉狀態的循環中移動。明瞭了這個法則，你就能獲得自由。同樣的，你也能穿越把守著各個循環層次大門的這些守護者，而自由的往來。」

接著，九這位領主說到：

「我從時間的誕生起，就已經存在了；我不知道生命是什麼樣子，我也『沒體驗過死亡』。[4] 哦，人哪，你必須知道，在遙遠的未來，生命和死亡都將與萬有合而為一；而且，人人都將在萬有合一之中得到平衡。

這個世代人類的生命力，似乎是脆弱的，但是生命註定將會與萬有合而為一。

我（九這位領主）雖存在於這個世代，然而我已經存在於未來。因為我沒有形體，所有時間對我而言，是不存在的。

我們（掌管或說是為人類靈魂和亡魂服務的七位領主）沒有生命，但我們依然存在，而且存在的比你更為完整、更偉大、也更自由。人像是附著於山體上的一把火焰，而我們在我們的層次裡，是永恆的。你必須知道，哦，人哪，在你這個循環週期結束的時候，生命本身也將進入黑暗

❶：萬有皆太乙所創，所以太乙比萬有更偉大。

的國度。所有存留的將只有靈魂的本質，也就是『意識的振動』[5]。」

接著，八這位領主對我說：

「萬有皆存納於微小之中[6]，而你尚未企及那個偉大的境界。我來自於一個由至上的光明所統治的遙遠空間。我是由光所生，我的身體就是一個無形的光體。

我既不知生，也不知死，而我卻是所有眾生的大師。在旅途中遇到障礙的追尋者啊，你要繼續走向通往光明的道路。」

九這位領主又再對我說：

「去尋找通往來世的道路，因為那裡才能讓你發展出更高的意識。你在過程中要注意下列的信號：當你看到『二變成一，而一又變成萬有』[7]的時候，你就知道路障礙已除，可以自由通行了。當你把有形的身體轉化為無形之時，你就自由了。」

因此，無數個世代以來，我一直都聽從著這個的忠告。我把我的思想朝著萬有，不斷地提升。只有無形才能領悟萬有。

下面的禱文就是萬有教我說的：

「哦，穿透著萬物並與萬有合一的光明啊，
請從我裡面顯現出來吧。
讓你的光芒把我充滿，
所以我也能得到自由。
讓我與閃耀於暗夜中的
萬有靈魂合而為一。
讓我從黑夜的帷幕中解放出來，
不再受時空的束縛。
我，光明之子，在此命令：
我永遠脫離黑暗的綑綁。
我就是無形的光明靈魂，
無形卻如光明般的閃耀。
我知道，在光明的面前，
陰暗必被揭開而且消散。」

以下就是我的智慧。

哦，人哪，因為你將要生活在清澈的光明之中，所以你一定會得到自由。
你要把持住自己，始終守住光明。你是光明之子，你的靈魂居住在光明
的國度裡。你要把思想與注意力集中在自己的裡面，而不是外面。光明
的靈魂就在你自身之中。[8]

要知道，你就是大師。世上一切的實相與幻相，都是從你的內部所生出，你就是所有實相和幻想的創造者。[9] 所以，讓你自己在光明的國度裡繼續成長，並把你的意念放在光明之中。

你是一個閃焰，你是光明之子，你與整個宇宙是一體的。在你裡面，你會找到你與所有閃亮光明的關聯。所以我警告你：千萬不能誤以為，光明來自外面。

要知道，你的光明會永遠向各方散發。你要像宇宙星辰中間的一個太陽，閃耀並照亮你自己所創造的世界。哦，光明的太陽啊，你要待在正中間，永遠照耀著你的創作。

黑暗兄弟們會向你展示一些曖昧不明的光亮，你不可以被他們誘騙。反射的光，不是真的陽光。他們會向你投射某種摹擬的光線，讓你產生自己存在的幻像，你不可以被他們迷惑。你才是中心，你才是散發光芒的本體。你就是自己所創造的宇宙星辰中的陽光。你的注意力要始終朝內，你的靈魂要守住祂中央的光明。

接受，並好好的保存我的智慧。聽我的話，照著我教你的做。只要你待在清澈光明的路上，你必將與大道合一。

第七塊碑文篇後註以及各家論述的比較

[1] 什麼是無限的終極（la fin infinie）？

時空與萬有既然都有終極，為何又冠以無限之名？ 譯註者的淺見是：一切歸於無極之後，又將出現新一循環的太極。也就是說：創造與毀滅、大爆炸與終極黑洞、太極與無極、有與無、色與空、生與死的宇宙循環，是無窮無盡的，所以用無限來加以形容。印度教和佛教也都把宇宙的演化，看成為四個階段的反復循環，稱為四劫，亦即：成、住、壞、空。佛家四劫之說的出處不少，包括：《俱舍論》卷 12、《瑜伽師地論》卷 2、和《立世阿毗曇論》卷 9 等等。

[2] 無極的原文是「原始的空無」（le vide originel）：

關於宇宙生成之前（或之初）的原始的空無狀態，《翡翠碑文》中的形容與道家和佛家的說法，極為類似。

・道家：
春秋・老子《道德經》第 2 章：有無相生；第 40 章：天下萬物生於有，有生於無。北宋・周敦頤《太極圖說》：無極而太極。南宋・朱權《太

清玉冊》卷一：無極而生太極。

・佛家：

《華嚴經》：世界之初，先成虛空。佛家所說世界之初的虛空與涅槃（Nirvana）的觀念並不相同。佛祖所說的涅槃是指，人的靈魂徹底解放後，所達到永離生死輪迴的盡滅和寂靜狀態。

[3] 具相就是無相（la forme est sans forme）：

這句話的意思就是：形像只是無形本質的一種顯現；不論有無顯像，或是有何種顯像，其本質仍然是原來的本質。對此，佛家和現代物理學界都有如下極為類似的說法。

《金剛經》說：我相即是非相；《心經》說：色即是空、空即是色。著名的天文物理學家，約翰・霍普金斯大學教授理查・亨利，2005 年在全世界最權威的科學期刊之一的《自然雜誌》，刊登的一篇名為《精神的宇宙》的文章中說：「新物理學的基本結論也承認，觀察者創造了現實。作為觀察者，我們親自參與創造我們自己的現實。物理學家正在被迫承認，宇宙是一種精神建構。」（A fundamental conclusion of the new physics also acknowledges that the observer creates the reality. As observers, we are personally involved with the creation of our own reality. Physicists are being forced to admit that the universe is a mental construction. - Richard C. Henry, *The Mental Universe, Nature* 436: 29, 2005）

[4] 既然，諸位領主都曾依序化身為人，為何此處九這位領主卻說祂：不知道生命的樣子，也沒體驗過死亡？

可能的解釋是：九這位領主（或許也包括其他六位）能夠自主的啟動和結束祂的人形應化身。也就是說祂的降世應化為人，不是經過人類女子的懷胎；而且祂的離世，也是自主意識的「活身無痕散化」，而非如人類因肉身功能毀敗而亡。

所謂的活身無痕散化確實是譯註者的自由聯想，但如此聯想的參考是，西藏密宗的喇嘛，曾展現過被稱為虹化的現象。不過，喇嘛圓寂時的虹化，現場仍留下了一些舍利，故與此註所談的：領主們或能自主的聚散其應化身的情況雖然類似，但並不在同一個層級。

[5] 靈魂的本質，就是意識的振動。

本書原文所說「意識的振動本質」（l'essence vibrante du vouloir）就是一種能量和頻率。上個世紀的科學奇才，免費電能的發明人，尼古拉・特斯拉（Nikola Tesla）曾說：如果你想知道宇宙的秘密，就從能量、頻率、和振動的角度來思考。（If you want to know the secrets of the universe, think in terms of energy, frequency and vibration.）

[6] 萬有皆存納於微小之中。

中、英文的文學裡，都有類似的表達：
（1）中文有「由小見大」和「見微知著」的成語。
（2）英文有著名的詩句：「一沙一世界，一花一天堂；掌中握無限，剎那即永恆。」（英國詩人，威廉‧布萊克："To see a world in a grain of sand and heaven in a wild flower. Hold infinity in the palms of your hand and eternity in an hour." - William Blake.）

[7] 「二變成一，而一又變成萬有」是路障已除的信號。這是什麼意思？

本碑文說：[在靈修中，你要] 去尋找通往來世的道路，因為那裡才能讓你發展出更高的意識。而且，你在過程中要注意「路障已除、可自由通行的信號」。這個信號就是：二變成一，而一又變成萬有（le Deux devient Un et que Une devient le Tout）。此處對此信號所做的描述，與道教陰陽太極圖的概念有可類比對照之處；其中的二就是人體的陰陽兩儀，陰陽兩儀的互動旋轉會逐漸化而為一，並與萬有融合。

也就是說：當你讓自己身體內，代表著陰和陽的兩條盤蛇般的靈力，以正確的方式相互盤旋並化而為一之時，你的小太極便已形成；當你這個太極，把自己散化為無形之時，也就是與萬有合一之刻。所謂要消除的路障，其實就是自己的身體和物念的束縛！第九塊碑文（空間之鑰）中

還有對靈修更進一步的指導。

[8] 圖特在本碑文中說：「你光明的靈魂就住在光明的國度裡；而這個光明的國度，就在你自身之中。」這是對第三塊碑文（智慧之鑰）所教導「要打開自身中光明國度的大門」的進一步說明。其實，耶、佛兩教對光明的靈魂和光明的國度的說法，都與圖特所授極為類似：

(1) 基督教《路加福音》說：神的國度（天國、天堂）就在你裡面。

(2) 佛家下列的各種說法，和圖特所說的光明的靈魂都極為相似：
A. 大乘佛教法性宗（也稱如來藏）所說的：無垢、善淨的法性和真如。
B. 玄奘所創的法相唯識宗（源於印度瑜伽行唯識學派）所說的：第八識或阿賴耶識（Alaya-vijnana）的本覺心源。
C. 禪宗所說的：明心見性的性。《六祖壇經》中所說的：佛向性中作，莫向身外求。
D. 淨土宗的淨空法師所說的：自性即佛的自性。
依此推論：自身中的光明靈魂就是太乙、就是道法、就是佛。

[9] 本碑文前面說了：「具相就是無相。」此處又再說：「世上一切的實相與幻相，都是從你的內部所生出。」所以，「你就是 [自己實境的] 創造者（Tu en es le créateur），你就是 [主宰自己人生的] 大師」。圖特此論，正面的挑戰了求神保佑的各種宗教信仰。

VIII

LA CLEF DES MYSTERES

第八塊碑文

奧秘之鑰

人哪，我已經給你了我的知識和我的光明。現在，你要用心的接收，這許多屬於未來時空的智慧。要知道，我已經不再受限於所有這些存在的層次和時空了。

在這「每一個層次的時空」❶中，我都有一個身體，也都可以照我的意思而改變自己的形態。不過，我知道有形來自無形。

這些智慧是出於這七位來自未來的強大領主，祂們藉著更高層次的強大能力而應化顯現。你要來聽這個智慧的聲音，並把這個智慧變成你的。

去發掘這個無形，並看清「無形就是通往來生的鑰匙」❷。

奧秘這個隱藏著的知識，必須被揭露出來。跟著我一起找出這個隱藏的智慧，並讓你自己變成黑暗與光明的大師❸。

你的四周，就深藏著很多遠古的秘密。用我給你的這些鑰匙，去找出通路吧。

大能之路是隱密的，不過追尋者將會獲得他所要求的[1]。看著光明，哦，我的兄弟，把自己打開，你就會收到你要的。但是，首先你必須迅速的穿越黑暗的谷地，以擊敗暗幽暗的守護者。你的雙眼要始終朝著光明的空間看，這樣你便能與光明合一。

❶：圖特此說，近似於當代天文物理學中的多重宇宙。第十塊碑文（時間之鑰）的正文和篇後註，都有對多重宇宙的進一步評述。

❷：《道德經》第13章說：「吾所以有大患者，為吾有身。及吾無身，吾有何患？」圖特所說的形，就是我們的身體；超脫了此身的綑綁，就掌握了通往來生的鑰匙和大能的奧秘。

❸：讓你自己變成，不僅能夠用光明來領引人類，而且能夠教誨黑暗兄弟，讓他們棄暗投明。

人類目前正處於不斷變化和突變的過程中，將來會變成與現在地球人很不同的形像。人類正朝著沒有形體的一個更高的層次前進。

要知道，如果你想與光明合一，你首先必須變成沒有形體。

聽我說，哦，人哪，我告訴你的，是一條能夠與光明合而為一的道路。你要瞭解，讓眾星保持平衡的宇宙定律，來自於「原始雲」 **d**。你要去尋找隱藏在地球心臟的奧秘。尋找激發世間生命的閃焰。沐浴在這火的光芒中。待在這個「三角的軌道」 **e** 上，直到你自己變成一個光焰。

把這些話，無聲的說給你屬下王國的居民們聽。然後進到「藍色閃焰的寺廟」 **f** 裡，去接受生命火光的沐浴。

要知道，哦，人哪，你的存在同時具有著土和火的屬性；你要讓你火的屬性盡量綻放它的光輝，讓你自己變成像火一樣的光焰吧。

智慧藏於地球的隱黯之處。光明之子啊，當你的靈魂燃起了火焰，你就會變成一個無形又光輝榮耀的太陽。這就是我的智慧。你始終要把這個智慧保存在你光焰般的心中。

要知道，只有透過堅持，光明才會充滿你的腦中。照著我給你的智慧去做吧。撕開黑暗的面紗，顯現指路的光明。

d：原始雲這句是說：宇宙運作的道法，是在最初虛無縹緲和混沌不明的情境中由創造的意念所生。第十塊碑文（時間之鑰）中還有更多的列舉說明。

e：正三角形的三個點可連成一個正圓，而這三個邊長的加總就是這個圓的周長。所以，三角的軌道就是成就正圓內的三角形，其所代表的意義，請參照第十四塊碑文（神的屬性）中對萬物皆不可或缺的「三個元素」的說明。

f：這個寺廟就是指阿曼提裡的生命大廳。

現在，我要和你談談遠古的亞特蘭提斯。我要告訴你關於黑暗國度和「陰影之子」 **ⓖ** 的事情。

在一個被陰影籠罩的日子裡，貪求獲得更多能量的人們，召喚了來自深淵的一些生靈。

在亞特蘭提斯都還不存在的遠古時代，有一些人類對黑暗做了探索，並使用「黑法術」 **ⓗ** 召喚來了住在地底深處的一些生靈。

這種祈靈的法術，讓這些生靈，來到了地表，並進入了那個時代。祂們原先是一種人類看不見的振動著的無形個體。是人類的血液讓祂們來到我們的世界。

靠著一些大師的智巧，有些生靈被逼回了祂們的幽冥王國 **ⓘ** 。但是，還有的仍藏在人類所不知的一些空間裡。

從亞特蘭提斯的時代起，祂們就以一種陰影的形態存在於人世，有時會向人們顯現。

祂們之所以能在人類當中安頓，靠的是獻祭時人類所灑的鮮血。祂們能把自己的外表，轉換成人類的形像；但在退掉偽裝之後，祂們有著像蛇 [2] 一樣的頭。

ⓖ：陰影之子就是指黑暗兄弟。
ⓗ：黑法術是指，為了自私自利的不良目的而施展的法術。
ⓘ：幽冥王國就是前面所說的黑暗國度。

來自幽冥的王國，祂們意圖毀滅人類，佔領人類的地盤。祂們的謀略非常精明。所幸，有一些強大的法師，能用咒語揭開祂們蛇形的真面目，並把祂們逼回原處。

這些大師所傳授的這些咒語的發音，只有人類能夠唸的出來。因此，人們能夠揭露並驅離這些蛇（精）。

但你仍須保持警惕，這些蛇精都還活著。在某些時刻，祂們居處空間的大門還會被打開。一些魔法儀式能招引祂們。若時機對祂們有利的話，祂們能重具人形。

懂得黑或白兩類法術的大師，都有辦法召喚祂們。但只有白法術的大師，才能控制祂們，並且在祂們具備人形之後，還能加以阻撓。所以我祈望，你一定要避開那些幽暗的領域，否則你可能會遇上邪惡❶。

要知道，哦，兄弟啊，恐懼是一個非常大的障礙。只有心靈清澈並深具愛心的大師，才能克服恐懼的陰影。只要你堅定自己身為光明主人的立場，陰影便會立即消散。

用心的聽我的智慧吧。光明的聲音是清澈的。你不可以去尋找會侷限你的陰暗山谷，而要去追尋將出現的光明。聽聽我深層的智慧，哦，人哪，我告訴你的是對人類隱藏的知識。我曾遠涉時空的邊緣，並在那裡發現

---

❶：所謂遇上邪惡，就像是華人民間信仰中的撞邪、遭煞、或是卡到陰。

了一個，阻止人類離開他所在時間的巨大障礙。我也看到了一些把守著那個障礙的「刻耳柏洛斯」 **k** [3]，正等著捉捕想要通過的靈魂。此處，時間已不存在，而我卻可以感覺到我們這個時代的守護者的存在。

要知道，哦，人哪，敢闖關的靈魂，可能被刻耳柏洛斯逮住，並拘留於超越時間的某處，直到拘期屆滿的那一刻。在靈魂被釋放之後，刻耳柏洛斯會繼續留下來。這些守護者總是沿著直線或某種角度移動；祂們無法沿著空間中的曲線移動。

這個障礙的守護者，即怪異且可怕。祂們追蹤你的意識，可以一直追到空間的邊緣。就算你還魂於肉身，祂們還能經由某些直線和角度，繼續捉拿你的靈魂。所以，只有曲線或圓圈才能保護你，使你不被這些沿著角度移動的守護者所捉拿。

在我逐漸接近這個巨大障礙時，藏於時間之外的迷霧中的這些無形的怪獸，立刻有所察覺，牠們巨聲嘶喉著向我撲來，想要吞噬我的靈魂。我即刻就從時間的終結處逃離。牠們沿著直線和一種人類不明白的棱角和拐角向我追來，我則沿著螺旋形的曲線，朝著我的身體飛回來。但他們仍盯著我的靈魂緊追不捨。

我靠著完全無角度的轉圈式飛行，回到了我的身體，並在我的四周，做了一個完美又穩固的圓圈來保護自己。而捉拿我的追兵，則在多個時間

---

k：圖特在下文中，把刻耳柏洛斯描寫成類似狗一般的靈獸。希臘神話則將其描寫成三個頭的冥府守門狗。篇後註3中有一幅參考圖像。

的循環中，把我給追丟了。

就是因此，當我靈魂出竅的時候，我始終特別留意，不做任何有角度的移動。否則，我的靈魂可能就會失去自由了。

要記住，這些把守障礙的怪獸，總是沿著某種棱角和拐角移動，而不會在空間中做弧形的移動。只要你不斷做螺旋形的運動，就不會被牠們捉住。聽我的警告，哦，人哪，在靈魂出竅後的神遊時，不要嘗試去打開這通往來世的大門。亙古以來，少有人能跨越此障礙，並通達其後的偉大光明。那些守護者正等著，要拘役任何敢於嘗試的靈魂。

當你在靈魂逍遙遊的時候，別做任何有角度的移動，而要順著曲線移動。若你聽到如鐘鳴般震動你靈體的類似狗吠之聲，你要停止朝著迷霧前進，並立刻沿著螺旋形的移動，回到你的身體。當你恢復正常形態後，一方面要用「十字符號和圓圈」[4]來自我保護，同時要張大嘴來朗誦「這個聲音」❶。

朗誦這個咒語，你就能自由。

只有充滿光明的靈魂，才能期盼避開怪獸並跨過障礙。只有充滿光明的靈魂，才能沿著奇異的弧形與角度，往人類未知的方向前進。

❶：這個聲音是指　種咒語。此咒的說明，請見第十塊碑文（時間之鑰）。

仔細聽我說，哦，人哪，在穿越障礙並逃避這些守護者之前，你必需先
增強你的光明，否則你難以通過嚴峻的試煉。

第八塊碑文篇後註以及各家論述的比較

[1] 圖特所說「追尋者將會獲得他所要求的」（celui qui cherche recevra ce qu'il demande）和《新約聖經》裡的用字如出一轍。

《馬太福音》7：7：你們祈求，就給你們。尋找，就尋見。（Ask, and it shall be given you; seek, and ye shall find. - Matthew 7：7 KJV）
《路加福音》11：9：你們祈求就給你們；尋找就尋見。（Ask, and it shall be given you; seek, and ye shall find. - Luke 11：9 KJV）

[2] 蛇（serpent）：

世界許多地區都有與蛇相關的神話傳說，包括：中國、印度、中東、希臘、埃及、和南美洲。這些蛇形靈物，在不同的文化中，有的被當作神祇，有的被當作魔鬼。祂們與人類的關係也有不少痕跡，例如：

（1）中國創世神話中人首蛇身的伏羲女媧圖。（圖8.1）奇妙的是：此圖中，伏羲所執代表「方」的矩，和女媧所執代表「圓」的規，正好又是西方流傳久遠且至今影響力龐大的共濟會的會徽！極難不讓人聯想到，早期東西方文明源頭的相通性？！

（2）印度神話中亦善亦惡的蛇神那伽（Naga）。（圖 8.2）

（3）伊朗的雙蛇交纏提把。（圖 8.3）

（4）希臘神話中，半人半蛇的凱克洛普斯（Cecrops）與其王后。（圖 8.4）

（5）埃及神話中，掌管死後復生的冥王歐西里斯（Osiris）與他的妹妹，同時也是配偶的伊西絲（Isis）的蛇身像。（圖 8.5）

（6）瑪雅神話中的羽蛇神（Kukulcan；plumed serpent）。（圖 8.6）

（7）阿茲特克神話中的羽蛇神（Quetzalcohuâtl；feathered serpent）。（圖 8.7）

（8）《聖經》中所提到的蛇，幾乎都是代表著罪惡的魔鬼，例如《創世記》3：4-5 所載：在伊甸園引誘夏娃吃禁果的蛇。（圖 8.8）但也有例外如下。《舊約聖經·民數記》21：8-9：「耶和華對摩西說，你製造一條火蛇，掛在杆子上，凡被咬的，一望這蛇，就必得活。摩西便製造一條銅蛇，掛在杆子上。凡被蛇咬的，一望這銅蛇，就活了。」

[3] 刻耳柏洛斯（Cerbères）：

圖特用此名來稱呼，把守著人類這個時空邊緣的神祇或靈物。希臘神話中的這個字，則是指把守著冥府的三頭犬。其實，冥界本來就是在人類所處的這個時空之外。所以，這兩種說法並不直接衝突。圖 8.9 是後人想像中，但丁在《神曲》（*La Divina Commedia*）裡所描述的，把守著地獄的刻耳柏洛斯。

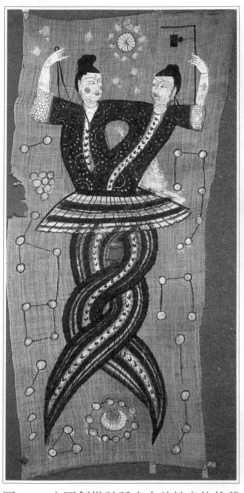

圖 8.1：中國創世神話中人首蛇身的伏羲
　　　　女媧圖。（1967 年新疆出土的
　　　　唐代絲畫）

圖 8.2：印度神話中亦善亦惡的蛇神那
　　　　伽（Naga）與其配偶的柱雕。
　　　　（建於十一世紀印度南部的曷薩
　　　　拉王朝時代）

圖 8.3：伊朗塔布裏茲博物館（Museum Tabriz，Iran）所藏的雙蛇交纏提把。

圖 8.4：希臘神話中創建雅典城邦的首任國王，半人半蛇的凱克洛普斯（Cecrops）與其王后。

圖 8.5：埃及神話的冥王歐西里斯（Osiris）和他的妹妹，同時也是他配偶的伊西絲（Isis）的蛇身像。

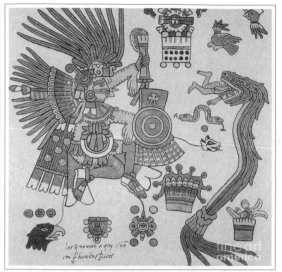

圖 8.6：瑪雅神話中的羽蛇神（Kukulcan; plumed serpent）。

圖 8.7：阿茲特克神話中的羽蛇神（Quetzalcohuâtl; feathered serpent）。

圖 8.8：《聖經》中所提到的蛇，幾乎都是代表著罪惡的魔鬼，例如《創世記》3：4-5 所載：在伊甸園引誘夏娃吃禁果的蛇。（梵諦岡·西斯汀教堂 Vatican's Sistine Chapel，米開朗基羅所繪的壁畫）

圖 8.9：但丁在《神曲》（*La Divina Commedia*）裡描述的把守地獄的刻耳柏洛斯。

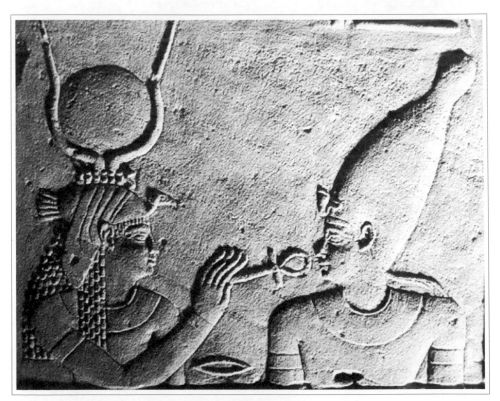

圖 8.10：埃及神話中，伊西絲幫她夫婿歐西里斯傳輸生命力所用的安卡，不只是象徵生命的符號，而是有實效的生命力傳導器。（www.secretoftheankh.com）

[4] 十字和圓圈（la croix et le cercle）的意義：

十字的標記在基督教裡，即可代表耶穌的受難，也可代表上帝的救贖。而由十字和圓圈這兩種符號所結合成的「安卡」（Ankh：ansate cross 或 ringed cross），則象徵著生命或救贖，而且最晚在六千多年前的北非、中東、和西亞，就已很普遍，例如：

（1）埃及神話中，伊西絲幫她夫婿歐西里斯（也是後來的冥王）傳輸生命力所用的安卡，不只是象徵生命的符號，而是實用的生命力傳導器。（圖 8.10）

（2）蘇美神話所說，阿努納奇（Annunaki）是來自天上的統治神族，其中的女神伊南娜（Inanna）和其子太陽神烏圖（Utu/Shamash）的手持之物，都類似一個圓圈與十字的組合。（圖 8.11）（蘇美女神伊南娜，就是兩河流域神話中的戰爭與愛情女神伊斯塔 Ishtar。）

（3）今日土耳其一帶的，古代西台人（或稱赫梯人 Hittite）在約四千年前所製的護身符，上面清楚的顯示著十字和安卡所代表生命復活的意義。（圖 8.12）

圖 8.11：蘇美神話所說的阿努納奇是來自天上的統治神族，其中的女神伊南娜（左圖）和太陽神烏圖（上圖）的手持之物，都類似一個圈圈與十字的組合。

圖 8.12：四千年前古西台人製作的護身符，上面清楚顯示：十字和安卡所代表的生命復活的意義。（www.jrbooksonline.com/pob/pob_ch18.html）

IX

LA CLEF DE LA
LIBERATION DE L'ESPACE

第九塊碑文

打開空間之鑰

注意聽我說，哦，人哪，我要教你符合這個時代的智慧；我要教你如何驅逐黑暗，並把光明迎入你的生命。

這就是我要教導的核心。這些智慧能讓你，推開黑暗的帷幕，如太陽般的走在永生的道路上。

你要努力成為世上的光明，成為光明的容器，如太陽閃耀般的成為你所在時空中的焦點。你要抬眼看看宇宙和其中的光明，唸誦守護者的咒語來激發光明，並吟唱自由的靈魂之歌。

提升你的頻率，以便融入宇宙，與萬有合一。讓自己與光明合而為一，以成就這個世界上明澈且有秩序的法則。

哦，人哪，這個偉大的光明能穿越你肉體所造成的陰影。但，要與此光明合一，你必須先提升自己，並超越你肉體的黑暗與你四周的陰影。

你會一直充滿著生命，但要知道，你必須超越肉體，把自己提升至向來都與你一體的其他空間之中。 **ⓐ**

往四周瞧一瞧，你會發現，到處映照著的，是你自己的光芒。你是靠著自己的光芒，在黑暗中開路前進。這是你必須要牢記的。哦，光明的太陽啊，不要被你自己的肉體所誤，而要一直待在光明頻率的道路上。

ⓐ：此段說的就是：若我們堅持靈修，能經由靈魂出竅而達到天人合一的境界，便可以一直充滿著生命。這種說法，與基督教所謂人死後的靈魂永生，是完全不一樣的觀念；反而與道教修丹的長生術比較接近。

會有些黑暗的因素，想要讓你誤信：光明是來自外界。你一定不能屈從誤信。你就是光明，你就是太陽。

要知道，我現在要教導的這個智慧，就是把混亂轉變成和諧的「大道法則」❶。從「萬有靈魂」❷的出現和時間的誕生直到今日，這個智慧都未曾被揭露過。

哦，人哪，聽聽這個智慧的教導吧。聽聽這個從時間誕生起，就一直在指導著你的聲音吧。我將要告訴你的這個智慧，藏在世界的起源處，又迷失於我周邊的黑霧中。

哦，人哪，要知道，你乃是「萬物之靈」[1]。而這樣的認知和理解，在人被黑暗束縛之後便被丟失了。

在非常久遠以前，我的靈魂被投射出身體，徜徉於巨大的太空中。我多方的檢視人類為何會自我拘禁，我也反復的審查各種的信仰和觀念。因此我瞭解，原來：束縛人類的，正是他的各種信念、各種無足輕重的教條、和他自己的偏執。[2]

要知道，哦，人哪，你所有的，只是心靈與意念。你的身體只不過是，藏納你意念的一套有知覺的器官而已。

❶：大道的法則（la Loi de la Grande Voie）就是道法，也就是宇宙意識的展現。
❷：萬有的靈魂（l'âme du Tout）就是宇宙意識，也就是太乙、或上帝。

靈魂才是一切。別讓你的肉身成為枷鎖。你要摒退晦暗，以便自由的徜徉在光明之中。讓你的身體非物質化，就是把你的身體轉化成光明，[3]並把你體內之光和宇宙之光，融而為一。

一旦，你能如陽光般的在太空中遨遊時，你就會看到，空間不是真的無限，他的邊界是由「一些彎角和弧形」[4]所形成。

所有存在的東西，都只是必將到來的更大東西的一個方面。物質是像河水般流動的液體，[5]它不斷的從一種形態變化成另一種形態。[6]這個亙古的知識，雖然曾因黑暗的掩蓋而一度被人類遺忘，但卻安然無恙的保存了下來。

你知道嗎，與你同時存在的，還有著好幾個和你一樣重要，並與你密切相關的系統；[7]祂們處於一個非常不同的空間，[8]但透過你身體的媒介，祂們和你以及你目前所關切之事，都有著密切的關連。

很久以前，我，圖特，就已開啟了，能讓我進入其他空間的大門，並在那些地方學到各種隱藏的秘密。

在物質的本質中，藏著許多的奧秘。和散佈於太空中的九個循環層次一樣，本時間點上的九個空間層次也都有著交叉重疊。我們意識的擴散也同樣有九個層次，而這九個世界也都互相包含。

ⓓ：通往各個世界的鑰匙的所在，就是《翡翠碑文》在多處所說的：光明、智慧、生命、和天界，都在自己的裡面。請參考第七塊碑文（七位領主）中篇後註8對光明靈魂住處的註解。

所謂的九就是來自我們上層或下層的這九位領主。

因為空間是被時間所區隔，所以每個空間之中，都隱含了許多其他的空間。找到了時空的鑰匙，你就能打開這個障礙。意識能穿越時空而無所不在。就算我們的意識被掩蓋了起來，但卻永遠不會消失。

你還沒找到的，那把通往各個世界的鑰匙，就在你裡面❹。通往奧秘的道路有很多條，但他們都和太乙是一體的❺。

你要運用我將要教你的咒語，到不同的循環層次中去尋找。只要打開你裡面的通道，你也能和我一樣的得到永生。

人們總是想著自己能繼續活下去，但你要知道「生來自死」❻。只要還被囚困於自己的肉身，你不會有真正的生命❼。只有當靈魂能自由的在空間中徜徉，並獲得了生命時，那才是真正的生命。其他的一切，都如同奴役。奴隸是必須努力自求解放的。

就算你認為，人是在地球上成長起來的，也不可以去相信：人是來自於地球上的塵土。人，乃是來自光明的神魄。你若不瞭解這個真相，你就不可能得到靈魂的自由。黑暗不只環繞著你這個光明的生靈，並且還捆綁著你的靈魂。只有追求者，才能獲得自由。

---

❺：佛家有所謂的八萬四千個法門，而《華嚴經》說：「若人欲了知，三世一切佛，應觀法界性，一切唯心造。」故有人將這兩句話，合併為萬法惟心。圖特說：所有通往光明、智慧、生命、和天界的道路和方法都與太乙是一體的。其實這兩個說法所指的都是天人合一。

❻：生來自死的原文直譯是生在死之中（la vie est dans la mort）；這也可以理解為：永生必須透過死亡才能獲得。對此，圖特在第十三塊碑文（生死之鑰）中，有更精彩和詳盡的說明。

❼：困於肉身，非真生命。請參見第八塊碑文（奧秘之鑰）正文中，對「無形是通往來生的鑰匙」的註解。

陰影雖從你四周消散，但黑暗仍彌漫著太空。哦，光明的靈魂啊，發出你所有的光芒來照射，用你光明的射線來點亮整個黑暗的太空。

你就是真正光明偉大的太陽。記住這個，你就能自由。

你要離開黑暗，不要停留在陰影之中；你要如君主般的曙光，從暗夜中升起。

哦，陽光之子的你啊，就憑這個意念，你便可充滿光明的榮耀，並擺脫與黑暗的連結。這就是「所有智慧的鑰匙」**❽**。

空間和時間都在你裡面。打開黑暗的腳鐐，把光明的你從暗夜般的身體中釋放出來吧。

偉大的光明，佈滿著整個宇宙。祂流過人體，並把人體轉化成永不在人類中熄滅的光束。很久很久以前，我尋找著被人類遺忘的知識和智慧。為了尋找新的知識和圓滿的智慧，我曾旅行至亙古之初的宇宙邊界。我發現，我所尋獲的智慧之鑰，握在未來的手中。

我下到阿曼提的諸大廳，去尋找更偉大的知識。我請求偉大的各個循環層次的領主們，為我指出能引我找到智慧的道路。我問祂們：偉大萬有的源頭在那裡？ 第九位大領主回答說：

---

❽：所有智慧的鑰匙：自己就是真正光明偉大的太陽的堅定信念。（請看第十塊碑文中揭露的天大秘聞：神、魔、人，都是自己信念的產物。）

把你自己的靈魂從身體中釋放出來❶，並跟著我到光明中去。

於是，我像夜裡燦爛的閃焰一樣，從身體中浮出，站在諸位領主的前面，我沐浴在生命之火當中。

此時，我被一種未知的力量捉住，並被扔入一個不為人知的深淵裡。

在深淵的暗夜裡，我從不同的角度和混亂之中，看到了秩序是如何形成的。之後，我看到了光明是如何從秩序中躍升，也聽到了光明的聲音。

我看到深淵中升起的閃焰，投射出的秩序和光明。光明靠著自己，從黑暗中湧現。我看到，混亂中升起了秩序、秩序中升起了光明、光明中升起了生命。

那時候，有一個聲音對我說：「你要聽，而且要理解，閃焰❶的光明就是萬物的源頭，祂包涵了萬物和所有可能的萬物。而這個『動詞』[9]就是產生光明的秩序，這個動詞也是一切存在事物的由來。」這個神聖的聲音繼續說：

「你所謂身體中的生命，其實就是這個動詞。找到你身體裡的這個生命，你就能找到運用這個動詞的能力。」

❶：此對話明白的顯示，此時在阿曼提大廳裡與領主們對話的，不只是圖特出了竅的靈魂，而是整個人，連身體一起都過去了。這也表示，圖特已能活身虹化的自由來去於不同的時空。

❶：閃焰（la flame）並不是指火焰，而是像太陽熱能一樣所發出的光明之焰。因為太空中沒有氧氣，所以太陽不是在燃燒。太陽所發出的，不是火焰而是一種熱能的閃焰。

火的本質就是會發出光束,但其意義何在呢? 我思考了很久後,瞭解到:生命是一種秩序,而人就是這個秩序所釋放的光與熱。

之後,我回到體內,並趨向九這位領主,想再聽聽關於各個循環層次的事。這個聲音帶著令人震動的能量對我說:

「要知道,哦,圖特,生命就是火光的動詞。你所尋找的生命力量,就是如同世上火光一樣的動詞。只要跟著動詞的路走,各種力量和能力就會自動湧現。」**ⓚ**

因此,我又問九:

「領主啊,請為我指明通向智慧的道路,教導我有關這個動詞的事吧。」

祂回答說:

「你會發現,通往智慧的道路,就是通往秩序**ⓛ**的道路。你看不見,這個動詞是來自於混亂**ⓜ**嗎? 你看不見,光明是來自於火焰嗎? 審視你自己生命中,紛擾失序之處,並加以平衡。梳理好你混亂的情緒,秩序自然就會在你生命中恢復。

秩序來自混亂,為你帶來萬物源頭的動詞,並給予你各個循環層次的能

ⓚ:前面這幾段的歸納是:黑暗混亂的深淵→閃焰(動詞:創造的意念與能量)→秩序(道法)→光明(神魄)→生命和萬物(神魄的應化)。

ⓛ:秩序,就是和諧,就是智慧。紛擾失序的情緒,是健康甚至於是生命的重大威脅。感性的影響力可以百倍於理性。請參考第三塊碑文(智慧之鑰)中的註解。

ⓜ:混亂會在兩種情況之下發生:(1)毫無目的的瞎撞,(2)各為其私的碰撞。在混亂中,只有無私的付出才能帶來秩序。所以,所謂會帶來秩序的動詞就是一個無私付出的意念。有了無私付出的意念,就出現了點亮自己以成就某共同目標的火焰。而有了無數想要成就某共同目標的火焰,自然就帶來了光明。而這個共同的目標,就是經由所創造的宇宙萬物(當然也包括了萬物之靈的人類)來彰顯無私的光明,而生命本身也是由這種無私的光明(天道)所創造。

力。這個動詞會給你的靈魂一個自由的力量，讓祂跨越世代，成為一個來自源頭的完美太陽。」

我用心的聽著這個聲音，並把這些話牢記於心。此後，我便經常在我「符合動詞道理的話語」[10]中尋找秩序。要知道，想達到此境界的人，必須始終維持在秩序之中。因為，人不可能在自己處於混亂之時，運用這個動詞。

好好的守著這些忠告，並根據他們來引導你的生命。

征服失序和混亂，你就能與這個動詞合而為一。在生命的路上，你要始終努力的增強自己的光明。你要與太陽般的光明合而為一，成為一個光明的太陽，成為完完全全毫無陰暗私欲的太陽。

在思想和意識裡，你要始終觀想著，你的身體與光明，合而為一的情狀。你要成為一個光明之體。要記住，所有的秩序皆生自無序，其目的就是要達到光明。天地萬物皆秩序所生，而光明是從無序之中浮現出來的。 ⊙

光明乃是一切的終極，哦，我的兄弟啊，在一路上找尋並發現這個光明吧。

⊙：此段再度強調：無序生秩序，秩序生光明，光明創造生命和萬物。此段也點明了一個關鍵的奧秘：太乙從無序之中出現，是為了創造宇宙萬物；而太乙創造宇宙萬物的目的，是為了彰顯光明。

第九塊碑文篇後註以及各家論述的比較

[1] 人是萬物之靈。

所譯萬物之靈原文的意思是萬物的極致（l'ultime de toutes choses），也就是說：人是這個世上所有物種當中，心智層次最高的；人類的意識影響著萬物，人類有如萬物的靈魂，故譯為萬物之靈。古代的中、西方都有圖特所說的人是萬物之靈的觀念：

發展於 14 世紀義大利的啟蒙運動和文藝復興，把已經瀰漫歐洲數千（或更久）的以神為本的觀念，逐漸又轉回成以人為本。然而，教導人為萬物之靈的《翡翠碑文》，正是在 12 世紀被譯成義大利的拉丁文。維基百科在對赫耳墨斯主義的講解中說：[赫耳墨斯（圖特）的] 這些著作深深的影響了西方秘教，並被認為在文藝復興和宗教革命時期，有著極大的重要性。（zh.wikipedia.org/wiki/ 赫耳墨斯主義）

人是萬物之靈的觀念，最晚在戰國時代便已存在於中土的黃河流域。這個說法的佐證就是，最晚成於戰國時代的《尚書·周書·泰誓上》說：「惟天地，萬物父母；惟人，萬物之靈。」

譯註者補述：唐·孔穎達所疏《尚書正義》中的一些內容，包括此處所

摘錄的《周書・泰誓篇》，曾被現代學者公認為是偽古文。但是，2008年北京清華大學獲贈的兩千餘片戰國竹簡之中，卻出現了《周書・泰誓篇》中的一些文字。因此，所謂《泰誓篇》是偽古文的結論是有問題的。

[2] 束縛人類的，正是他的各種信念、各種無足輕重的教條、和他自己的偏執。

圖特所說，阻擋了人類的光明和永生的這三樣事由，與佛教的說法有著驚人的相似：

（1）關於各種信念（croyances）。圖特在第十碑文（時間之鑰）的最後一段指出：光明之子（神）、黑暗兄弟（魔）、和人類，都是自己信念的產物！信念若出了偏差就是誤信。而誤信，就是佛祖所說，貪、嗔、癡這三毒之中，危害最大的癡。

（2）關於各種無足輕重的教條（petits dogmes）。人類被自身肉體和心靈的黑暗面所束縛，若再加上層層的戒條和紀律，是進一步的綑綁！佛祖也不認為所有的戒律都是必要的。以下事例可為佐證：《長阿含經》的《遊行經》說，佛祖告知阿難：「自今日始，聽諸比丘，捨小小戒。」《巴利律藏》引用阿難尊者的話：「世尊般涅槃時，曾對我言：阿難，我滅度後，僧伽若欲者，小小戒可捨。」（阿難尊者（Ananda the reverend）是佛祖的十大弟子之一，被稱為多聞第一，也是佛祖的表

弟兼貼身保鑣。）

（3）關於自己的偏執（rigidités）。偏就是佛家所說二障中的分別心
（differentiation）；執就是二障中的執著心（attachment）。人就是這樣
把自己的靈魂，牢牢地綁在黑獄之中。

[3] 讓自己的身體非物質化（Dématérialise），並轉化成光明：

愛因斯坦的質能互換公式（$E = M*c^2$），或許能為此說提供一些觀念上
的啟發。若將此公式改寫成 $c^2 = E/M$，則表示：當我們把肉體的所有質
量（M），都轉成意念的能量（E）時，便可化為光速的平方（c^2）。當
我們轉化成光速的平方時，自然也就超脫了時空的限制，而能邀遊於太
空了。有些西藏密宗的喇嘛，在圓寂時所展現的虹化現象，某種程度上，
或可用質能互換公式來解釋。

將肉體的質量全轉化成意念的能量的意思，就是讓身心達到同步同頻的
整 合（Vibrational synchronization of mind and body harmonization）。
美國海軍情報部特約的門羅學院（Monroe Institute），使用人為的音頻
引導法，來培訓幹員的超能力。不過，其效果被列為軍事機密。

其實，古今中外有太多的宗教或門派的修煉，都是為了達到此一境界。
當代比較有名的，至少包括：卡巴拉、蘇菲、奧修、超覺靜坐、瑜珈、

藏密、禪宗、內觀、和道教的內丹修真，甚至某些氣功也能達到類似的境界。只不過，每一種法門的效果，都是因人而異。

[4] 空間邊界，就是時間邊界，也就是宇宙邊界，到底長什麼樣子呢？

圖特雖未細述，何謂時空的邊界的一些彎角和弧形（des angles et des courbes），但我們可以根據本書所說「上下如如」的原理，嘗試從現代物理學的研究發現中尋找蛛絲馬跡。

圖特在第十一塊碑文（上下關係之鑰）裡指出，宇宙中的一切都是上如其下（Ce qui est en haut est comme ce qui est en bas）。其實，上如其下（As below, so above.）的意思，也就是下如其上（As above, so below）。若借用佛家的詞彙，合而言之，就是上下如如。

天文物理學說，宇宙的邊界存在著，由光子匯集而成的邊界膜結構。此種膜結構會發出微波背景輻射。我們宇宙的大小，便是借由這種輻射而推算出來的。圖特在此告訴我們：不斷成長中的宇宙也有一個前沿邊界；這個邊界不是平平整整的，而是有彎角和弧形的。

根據上下如如的原理，巨大的宇宙與微小的原子，一定具有共通性。我們可透過對原子邊緣的瞭解，來推測宇宙邊緣的狀態。根據基礎物理學，原子核的最外層，也有一層俗稱電子雲（electron cloud）的膜狀結

構（membrane）。這個膜狀結構所反映的，就是電子在原子周邊的運動形態（modes），稱為原子軌態（atomic orbital）。物理學家把這些不同的鼓膜形態（drum modes），由簡而繁的大致歸納為九種。以下兩個網址（包括維基百科）的「圓形膜波動型態」的動畫，或可提供一些宇宙邊緣狀態可能的視覺參考：

https://en.wikipedia.org/wiki/Vibrations_of_a_circular_membrane

https://www.youtube.com/watch?v=dB1wWx58bFg

[5] 什麼是物質？

圖特說：物質是像河水般流動的液體（La matière est fluide et coule comme un ruisseau）。早在 2005 年，美國官方的布魯克海芬國家實驗室（Brookhaven National Laboratory）就已發表了一篇粒子物理學（Particle Physics）的研究報告說：物質中基本粒子的夸克（Quark）的存在狀態，是像液體（liquid）般，展現著近乎完美的流體（fluid）運動。（www.bnl.gov/rhic/news2/news.asp?a=303&t=pr）

該實驗室在 2008 年，製作了一個極有趣一分多鐘的關於物質原始狀態的動畫，其結論是：宇宙之初，所有的物質都處於接近完美的流體狀態。（www.bnl.gov/video/index.php?v=130）

[6] 物質在不斷變化。

圖特說：「物質不斷的從一種形態，變換成另一種形態」（Elle passe constamment d'une forme à une autre）。下列粒子物理學的論述，幾乎就是在為圖特的論述做註解：（1）所有的粒子都不存在靜止的質量（沒有任何的質量是靜止的）。（2）所有粒子的形態和位置都在不斷的轉化和變換。

自從 1964 年，在原子核裡發現夸克（Quark）開始，物理學家們越來越覺得，自己像是在研究哲學。雖然，2012 年瑞士的大強子對撞機（Large Hadron Collider - LHC）間接觀測到了所謂的上帝粒子（the God particle 或 Higgs Boson），而且在 2017 年四月又發現了五種新的粒子。只是，這些新發現，無一能夠推翻上述的兩項基本論述。圖特早就告訴我們：物質是像河水般流動的液體，且在不斷的變化。

[7] 與你同在的，還有和你一樣重要的好幾個系統：

圖特在此所說的系統，是指下面兩段碑文之後所談到的，與人體內的各脈輪層次相通的七個時空循環層次。

[8] 平行宇宙：

一般人不難理解：在不同的時間點上，存在著不同的空間，例如：你兒時的家鄉，現在已完全改觀。但是，圖特此處所說的，是類似天文物理學裡平行（或多重）宇宙的概念，也就是：在同一個時間點上，所存在著的不同空間。對此，第十塊碑文（時間之鑰）的正文與篇後註中，還有相關的論述。

[9] 動詞（le Verb）這個字彙在本碑文中的意思：

動詞這個字彙有下動令的意思；狹義而言，它是指：使得…，讓…成為…，非常類似於《聖經·創世紀》1：3的說法：「神說，要有光，就有了光。」（God said, "Let there be light," and there was light. – Genesis 1：3 NIV）

動詞這個字彙在本碑文中，完整的意思包括：黑暗深淵中升起的閃焰、產生光明的秩序、創造的意念和能量，非常類似於《聖經·約翰福音》1：1所說：「太初有道，道與神同在，道就是神」的道。而這個所謂的道，在幾乎所有版本的英文《聖經》裡，用的都是 Word，原意就是字或話語。（In the beginning was the Word, and the Word was with God, and the Word was God. – John 1：1 NIV）

[10] 什麼是符合動詞道理的話語？

符合動詞道理的話語就是可以產生造物能量的話語，也就是：無私、光明、正面、肯定、鼓勵、支持、秩序、平衡、和諧、和創造性的話語；而不是黑暗、負面、否定、貶損、或破壞性的。不過，重要的是，人只有在身心靈都全面平靜和諧之時，才可能發揮此種能量。

國際上，有一些心想事成或吸引力法則的培訓中心，也張貼類似的標語，只是其中都缺少了，古今中外修道人所共同信奉的，也是最關鍵的無私這個意念。

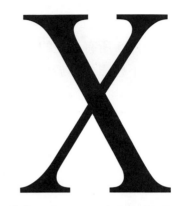

LA CLEF DU TEMPS

第十塊碑文

時間之鑰

聽我說，哦，人哪。接受我的智慧。去發現那些隱藏在太空中的奧秘。
去學習這個發展於深處，而且給空間帶來秩序與和諧的意念。

要知道，所有存在的一切，都來自於法則。因此，只要找到了這個法則，
你就不會再受縛於黑暗。

為了學習各種奧秘，並發現更多奇異的奧秘，我曾去到非常遙遠的各種
異樣空間裡，遨遊於層層時間的深淵之中。這些奧秘都在那裡自我顯現。

要知道，不為人知的才叫奧秘。一旦你探測完所有知識與智慧的核心，
他們便都屬於你了。時間乃是你解開空間限制的秘密。我，圖特，長久
以來便追尋著智慧。我將永遠的繼續追求，因為我知道，在我接近目標
的同時，目標也變的更遠大。

各個循環層次的領主們，都知道就連祂們自己也尚未達成目標，因為祂
們的智慧讓祂們瞭解真理在不斷地成長。[1] 一個固定不變的終極目標，
是不存在的。存在的是，供我們追求真理的無限之路。

很久很久以前，我曾與守護者對話。我請祂向我展示，空間和時間的奧
秘。下列的問題從我的靈體中浮現：

「請告訴我，大師，時間是什麼？」

大師回答說：

「哦，圖特，要知道，在最初，一切都是空和無，[2] 沒有時間，也沒有空間。接著，一個決定性和擴張性的意念 [3]，自無中升起，[4] 並填滿了這個空。

宇宙之初根本不存在任何的物質，而只有一種決定性的意念。而這個意念就是填滿空無的：能量、運動、螺旋、和振動頻率。[5]」

於是，我問大師：「這個意念是永恆的嗎？」守護者回答說：

「這個永恆的意念，從一開始就存在了。然而，一個意念要永恆，時間也必須存在。所以，時間的法則從一開始，就在這個決定性的意念中成長。沒錯，時間無所不在的存於空間之中。它總是處在一個，安靜且有韻律的漂浮狀態中。時間本身並不改變，而是萬物在時間中改變。

時間是一種區隔事件的力量，每個事件因此都有了各自發生的位置。時間並不移動。而是當你的意識，從一個事件轉到另一個事件時，你在時間中移動了。[6]

你是一個可以跨越時間，而永恆存在的整體。要知道，即便有時候你覺得自己分成了碎片，但在經過了一個個不同的時空之後，你仍然是你。」

守護者的聲音逐漸消失之後，我繼續的做關於時間的冥想。我知道，祂的話語蘊含著偉大的智慧，而且給了我一條發覺時間奧秘的道路。我經常在冥想守護者的話語，以求解開時間的奧秘。

我發現，時間並非真的不動，而是遵循著很奇特的角度和方向在動。我瞭解到，曲線是唯一能讓我出入時空的鑰匙。

我發現，能讓我超脫這種依著奇特角度運動[7]的時間之束縛，唯一的方式是：引導我的意識向上並向右，做環狀的移動。[8]

有個螺旋型的動力，把我往上吸離開了我的身體，同時也在時間中將我轉形。[9]在旅途中，我見到了各種奇異的東西，也解開了許多深奧的秘密。在遙遠的過去，我見到了人類的各種起源,[10]而且發現，並沒有什麼是真正新的。❷

去尋找吧，哦，人哪，新的空間和時間會不斷地形成，去找出通往那些空間的道路吧。但你要記住，只有光明是你真正的目標。你要堅持自己的追求，不斷地去尋找。

永遠別讓黑暗侵入你的心。讓你的心成為光明，成為一路上的太陽。要知道，在永恆的清澈中，你的靈魂永遠不會被汙濁所綑綁，而會永遠的沐浴在光明之中，並如太陽般的閃耀。

❷：圖特透過自主性的靈魂出竅，做了時光旅行之後說：並沒有什麼是真正新的。妙的是，《聖經・傳道書》說：「日光之下並無新事"。」（ "There is nothing new under the sun." - Ecclesiastes 1：9 NIV）

要知道，即使你的靈魂被掩埋在黑暗之中，祂仍在散發著真理火焰的光芒，祂與所有最偉大的光明仍然是一體的。去找到光明的源頭吧，那就是你追求的意義所在。光明就是生命；沒有了這個偉大的光明，一切都無法存在。無論是在最堅實物質的核心，或是在最黑暗的深淵，光明一直都存在著。

有一次，我在阿曼提諸大廳的時候，聽到了眾位領主強有力的聲音在黑暗中迴響。祂們吟誦著各個循環層次的歌，那些歌詞開啟了來生轉世輪迴的通道。那時候，我才見到一條偉大的路徑在我面前開啟，我才對來生有了短暫的思考。我見到了偉大的宇宙週期的運作。這些運作實在鉅大，而且都是由來自源頭的意念在主導。

我因此瞭解到，甚至連無限本身，都朝著一個無法想像的終點，在不斷地變化。我看到的，是一個有秩序的宇宙，祂是一個無所不包和無限期運動的一部份。而這個運作秩序本身，又是更高層次秩序中的一部份。這些秩序都和諧的在不同的空間中運作著。**ⓑ**

我見到的這些週期循環的巨輪，像一個個無比巨大的圓圈，橫跨於太空之中。我瞭解到，每一個生靈都朝著，另外一種狀態的存在，在不斷地成長。他新狀態的存在，會在未來某個時空的坐標上顯現出來。

我已知道，某些話語（咒）所具有的威力，可以打開不為人知的各種空

ⓑ：此段的敘述，和天文物理學界的疊加多重宇宙理論，有著極高的相似性。而其理論中的保持迴圈宇宙論（conformal cyclic cosmology, CCC）所說的：「宇宙是在不斷發展、不斷擴張、不斷死亡中迴圈前進」，又正好與圖特的宇宙說完全吻合。

間。而動詞就是能夠開啟較高或較低層次空間的鑰匙。

仔細的聽我說，哦，人哪，記住我留給你的這個話語（咒）。只要去用這個字，你便可在它響亮的聲音中，找到我所說的能力。

唸「進‧悟如」 ⓒ [11] 這個字，你就會找到這個打開其他空間的能力。但為了讓此咒生效，你必須瞭解：「人就是光，光就是人。」[12]

注意了，哦，人哪，我要告訴你一個，比陽光下任何其他東西，都還要奇特的奧秘。

要知道，哦，人哪，我們這個宇宙中所有的空間，都包括在其他的宇宙之中。所有的世界都是重疊的 [13]；每一個世界和宇宙，都在另外一個世界和宇宙之中。而把他們區隔開來的，就是這個時間法則。

在我無止盡的搜尋過程中，有一天，我打開了一扇門，後面藏著對人類而言，非常深奧的智慧。

我從另外一個時空中，提取出了一個智慧；這個智慧比人類的女子還要優美。沒錯，祂是我從空間的多個禁閉之處呼喚出來的，以便祂能如光明一般的在人類世界裡閃耀。

ⓒ：「進‧悟如」這個咒語的意思是光明之子。譯註者解譯咒語的方法，請見篇後註11。唸誦此咒時的要領，請見篇後註12。

我擊著蛇皮鼓，穿紫著金，頭戴銀冠，四周以朱砂畫圈，雙手高舉著唸頌咒語。通往來世空間的路徑，因此而打開。我就是在那個時候，呼喚了在各自居處中的符號領主們。

「『兩重地平線』的領主們啊，『三重大門』 ❹ 的守護者們啊，請幫我捉住我右邊的這一個，也請穩住我左邊的這一個，以便這顆星星能升至祂的寶座，並從祂的符號中施展影響力。

而祢呢，祢這位晦黯不明的阿儒廬界王子，[14] 打開這個隱藏著奧妙領域的大門，並且釋放祢所拘押的這一位吧。

聽我說，聽我說，聽我說，祢們這幾位晦黯不明的領主，還有祢們這幾位璀璨的光明使者啊。我不但瞭解，而且會唸這些『具有法力的神祕名字』 ❺。憑著這個，祢們要聽我說，並且要遵從我的意願。」

接著，我就點燃了我周邊的朱砂圓圈，並且呼喚了在阿儒廬天界中的「光明之女」 ❻。我在七次跨越了火圈之後，又再跨越了七次。其間，我嚴守齋戒，連水都沒喝。

我從「艾克謝佳樂的國度」 ❼ 中向阿儒廬天界呼喚。我召喚了光明之女以後，我面前就出現了，那些象徵阿儒廬領主們的晦澀難解的符號。接著，這些符號就讓路給了光明之女，再接著就消失了。

❹：前段有言，這些神祇都有著各自的象徵符號。圖特並未解釋這兩個符號所象徵的內容，然依譯註者的推論：兩重地平線是象徵：這些領主可以跨越兩重時間（過去和未來）；而三重大門則是象徵：這些守護者可以通達三重空間（人世、陰間、天界）。

❺：這些具有法力的神祕名字的作用，類似於《埃及渡亡經》（*The Egyptian Book of the Dead*）中所提到的在陰間的各種通關密語（有不只一、二十個，但因都未說明意思，故很難對讀者有所用處）。

❻：光明之女並非真正的男女之女，而是形容一個比人類女子還要優美的智慧。

❼：艾克謝佳樂（Ekershegal）是古代蘇美文明中一位女神。艾克謝佳樂的國度，可能是圖特在朱砂圈中作法時，所接通並從中獲取能量的一個界域。

來自未來天界的祂，此時終於脫離了這些天界中晦黯領主們的控制，可以無拘無束的在地球上的陽光中，過著光明子女的生活。[15]

注意聽我說，哦，我的孩子，法術全都建立在道法之上。不需要畏懼任何法術，因為這些力量，和天上群星的運作一樣，都與這個法則一致而不能相悖。

對無知者而言，智慧好像是一種奇妙的法術，而非法則。掌握了這個知識，你便可更接近太陽的光輝。❶

聽我說，我的孩子，你要遵從我的教導，不斷地去追尋光明。你要在人類的世界中閃耀，並成為人類成長途中的一盞明燈。

追隨我並學習我的法術。要知道，只要你願意，力量就會與你同在。不要懼怕通往知識的道路，而要避免涉入黑暗的途徑。哦，人哪，只要你願意拿，光明就是你的。掙脫綑綁的枷鎖，你就獲得自由了。[16]

綑綁著你靈魂的，就是你自己內心的恐懼。[17] 睜眼看看偉大的陽光吧，什麼都不用怕，因為你面前一切的陽光普照之處都是屬於你的。讓你自己成為光明的國王，去收取你的王國吧。

恐懼就是黑暗的阿儒盧天界的領主,[18] 而這個領主自己，卻從未面對過

---

❶：對無知者而言，光明之子，來自異次元的先進生靈，甚或是黑暗兄弟（邪靈），
　　都可能被當作是神明。

黑暗的恐懼。要知道，恐懼來自於自我綑綁的一種波動。哦，我的孩子啊，甩掉你所有的侷限，在光輝的日子裡昂首闊步吧。只要不讓你的思想走入陰暗，你就會與光明結合。[19]

人，無論是黑暗兄弟或是光明之子，都是祂自己信念的產物。我的孩子啊，進到光明裡來吧。步上通往光明的道路吧。

注意聽我的智慧。去使用我給你的咒語。去使用它，你便能找到永遠成為光明之子的鑰匙。

第十塊碑文篇後註以及各家論述的比較

[1] 眾家對真理的看法：

（1）圖特說：真理在不斷地成長（La Vérité grandit sans cesse.）。圖特對真理所作的解釋，是《翡翠碑文》所提供最獨特和意義最重大的智慧之一。此論絕非僅在此處出現，而是貫穿全書的各種論述。首先，第七塊碑文（七位領主）說：「太極（即太乙）的成長，超越萬有」，本碑文也說：「新的時間和空間會不斷的形成」，也就是說：宇宙在不停的成長之中。而且，本碑文又說：「時間的法則從一開始，就在這個決定性的意念中成長」，所以我們得知：宇宙法則也在不斷的成長。既然，宇宙及其法則都還在不斷的成長，那麼，真理當然也一定還在不斷的成長。

（2）源於圖特的赫耳默斯主義說：所有的真理皆半真。出處：出版於1908年（與猶太密教卡巴拉系出同源）的《卡巴利恩：赫耳默斯的哲學》（*The Kybalion: Hermetic Philosophy*）說："All truths are but half true."

（3）存在主義之父齊克果（Søren Kierkegaard）說：主觀即是真理，真理即是主觀。（Subjectivity is truth；truth is subjectivity.）

（4）佛祖否定了真理的唯一性和排他性。佛祖也要求弟子們，不可以去否定或汙衊其他人所提倡的真理。出處：上座部佛教（Theravada）《中尼迦耶》（*Majjhima Nikaya*）第 95 經（《倉奇經》*Canki Sutra*）。

（5）老子在《道德經》第 1 章的開篇說：「道可道，非恆道；名可名，非恆名。」譯註者對這句話最簡單的解釋就是：無論是真理本身或是對真理的敘述，均非亙古不易。

（6）《論語・子罕》說：「子絕四，毋意、毋必、毋固、毋我。」其中後三項的意思是：不絕對肯定、不固執己見、不唯我獨尊。可見，儒家也不支持唯一的真理或是具有排他性的真理。

（7）譯註者對真理的綜合淺見：對任何人而言，他所真心信服的，就是真理（Truth is whatever one truly believes.）；只要不危害他人，都值得尊重。真理和宇宙一樣，都在不斷的成長，所以宇宙中雖有無數個真理，卻不存在：唯一的、排他的、或是不變的真理。真理一旦被定義成了唯一的或是具有排他性的，則很容易被當成政治手段或獨裁工具，甚至於造成人類的浩劫。圖特在本篇正文的稍後處說：甚至連無限本身，都朝著一個無法想像的終點，在不斷地變化。所以，譯註者此處對真理的註解，當然也不可能是永恆不變的真理。

[2] 宇宙之初的情境：

本碑文以空和無（le Vide et le Néant）來描述宇宙之初的情境。第八塊碑文（奧秘之鑰）中以原始雲來形容，天地創造之初，虛無飄渺和混沌不明的狀態。道、釋、耶三家對宇宙之初的情境，也都有如下極為相似的描述。

（1）老子在《道德經》第25章中說：「有物混成，先天地生，寂兮寥兮」。東漢·鄭玄在所註的《周易乾鑿度》中，也有頗類似且高妙的說法。他說：「太初者氣之始也，⋯ 氣似質具而未相離，謂之混沌」。

（2）佛教的《華嚴經》說世界生成的順序是：「世界之初，先成虛空，再成無色界，次成色界，再次成欲界」。

（3）基督教的《聖經·創世記》1：1-2 說：「起初⋯，地是空虛混沌、淵面黑暗」。

[3] 創造宇宙萬物的「決定性和擴張性的意念」（第一因）是怎麼來的？

太初之道（也就是道法、太乙、上帝、第一因、或大爆炸）是怎麼來的？這個人類千古以來的大哉問，是任何一個探究宇宙與人生的思想體系，都難以迴避的問題。現在，讓我們來看一下各家對這個問題的說法。

（1）《翡翠碑文》的第七塊碑文（七位領主）中說：「我們各位領主是宇宙萬有法則，直接從無之中創造出來的」；第十三塊碑文（生死之鑰）中說：「萬有的源頭與萬有的終極是一體的。… 在未來的時代中，萬有將成為太乙。」 這幾句話的意思就是：我們的宇宙，終將因為達到極限而結束，接著就會開始一個新宇宙的循環。圖特並未直接解答，這個有與無的無限循環是怎麼來的；但若根據圖特的整體論述推敲，間接的答案是：物極則反的平衡法則，不僅是我們目前宇宙道法的一部份，而且是比我們宇宙更高層次的道法的一部份。若要追問：這個更高層的道法又是怎麼來的？ 答案只能與問題一樣，也就是：兩者都是無限的循環。

（2）《聖經・出埃及記》3：14中上帝對摩西說：「我是自有永有的」。（"God said unto Moses, I AM THAT I AM." - Exodus 3：14 KJV）其實，上帝對摩西所做自我介紹的中文翻譯，與英文的原文有出入。英文原文的意思是「我就是我」。至於「自有永有」一詞，是翻譯人根據《聖經》其他地方的敘述所做的意譯。其中「永有」的意思可見於《以賽亞書》（the everlasting God - Isaiah 40：28 KJV）。而「自有」則是中文翻譯人自己加上去的，而非出自《聖經》。至於，耶和華為何是自有而非他生？《聖經》並未做出任何的解釋。

（3）《雜阿含經》中的「緣起論」，是佛家最根本、最核心的理論，也是佛經中與本主題相關性最高的理論。《雜阿含經》卷12說：「此有故彼有，此生故彼生；此無故彼無，此滅故彼滅」；卷45說：「此形不自造，

亦非他所作，因緣會而生，緣散即磨滅」。這兩句經文的大意就是：人和萬物，即不是自我創造的，也不是被創造的。宇宙萬事萬物的生滅變化，都是所謂「因緣和合」的產物。至於，因緣和合又是怎麼來的？，佛經並未做出任何的解釋。

譯註者的淺見：因與緣指的都是時空條件和因果關係，兩者彼此依附、互為因果。緣起論所說的因緣會，像是從某個角度在描述圖特所說的道法，例如：上下如如、因果如如、有無循環，等等。緣起論不談第一因（就是太乙或道法）的由來，而只說宇宙是輾轉始終。此說與圖特所說的，其實是同一回事。亦即，我們的宇宙，是一個生滅與有無的無限循環。佛家的這個說法，頗睿智且務實的避開了對宇宙第一因的無休止和原地打轉的討論。

（4）道家典籍中對於第一因的由來，也多採取務實的作法而著墨不深。譯註者所見到唯一的例外是《鶡冠子・環流》中所提出的「物極則反，命曰環流」。此書相傳是戰國時代楚人鶡冠子所著。這句話的意思是：任何事物發展到了極致，就會往相反的方向變化；天道便是如此自然的循環流轉。依此推論，我們這個宇宙的出現，乃是前一個宇宙物極則反的結果。這個說法與圖特對宇宙平衡法則的論述，也是如出一轍。

[4] 無中能生有，真的嗎？

與人們一般的經驗法則不同，《翡翠碑文》和不少其他的思想體系都說：我們的宇宙是「無中生有」而來的。

（1）本碑文說：「在最初，一切都是空和無，沒有時間，也沒有空間。接著，一個決定性和擴張性的意念，自無中升起，並填滿了這個空。」

（2）量子力學說：粒子會在空無之中，隨機的出現和消失。圖特所說的意念和量子力學所說的粒子，都是某種的能量，故並無矛盾。

（3）道家說：有生於無。（道家對於無中生有這個概念的詳細論述，已列在第七塊碑文—七位領主，篇後註 2 對無極的註疏之中。）

（4）基督教說：天地萬物乃是上帝的話語從空虛混沌之中創造出來的。（原文列在第四塊碑文—空間的誕生，篇後註 3 對原始元素的註疏之中。）

[5] 填滿了空無和創造宇宙的意念，是一種呈螺旋狀運動的能量和振動頻率。

這個填滿了宇宙之初的空和無的「決定性和擴張性的意念」就是：原始

元素、基礎力量、第一因、太乙、道法、宇宙意識，和創造的意念與萬物運作的法則。請看下列科學奇才的相關論述：

上個世紀的科學奇才，免費電能的發明人，尼古拉・特斯拉（Nikola Tesla）曾說：「如果你想知道宇宙的秘密，就從能量、頻率、和振動的角度來思考。」（If you want to know the secrets of the universe, think in terms of energy, frequency and vibration.）當代享譽國際的伊朗核子物理學家，梅賀然・凱史（Mehran T. Keshe）說：「整個宇宙中…能量都以旋轉的電漿（plasma：等離子體）般的流體型態存在著」。

既然創造宇宙的意念能量，是以螺旋狀的方式在運動，所以宇宙和萬物的成長，也必然是螺旋狀的。關於能量的螺旋狀運動，請參考第四塊碑文（空間的誕生）篇後註 6 對「無限萬有曲線」的討論。

[6] 時空的概念：

高維的空間很難理解，但是三維空間的概念卻很簡單，一個長寬高的座標便可以定義。然而，時間的概念則深奧的多，至今仍是物理學家們熱議的題目。圖特對時間所作的定義是：時間是空間中無所不在的一種區隔事件的力量，它安靜且有韻律的處於漂浮狀態中。時間本身並不改變，而是萬物在時間中改變。

圖特在本碑文中指出時間與空間都還在成長，所以，宏觀而言，時空當然都是會動的。但微觀而言，對於侷限於時空中的某時某處的我們來說，我們都是在即存的時間和空間裡移動。正如空間裡的遠、近、和上下左右都同時存在，時間裡的過去、現在、和未來也都一直存在著。所以圖特說：時空本身並不移動，而是我們這些知覺者在時空中移動。請看看下列兩位著名科學家的相關論述：

愛因斯坦曾說：「和我們一樣相信物理學的人都知道，過去、現在、和未來之間的區別，只不過是一種頑固的幻覺。」（People like us, who believe in physics, know that the distinction between past, present, and future is only a stubbornly persistent illusion. – Albert Einstein）愛因斯坦並不是說「時間」是我們的幻覺，而是說，時間的「區別」是我們的幻覺。

當代知名的物理學家布萊恩・葛林在 2017 年 Nova 的紀錄片《宇宙的結構：時間的幻覺》（*Fabric of the Cosmos: The Illusion of Time*, Nova Documentary, Brian Greene, Mar 21, 2017）中說：「時間不是線性的，也不會移動。… 過去、現在、和未來都同時存在著。」葛林此說，簡直像是在幫《翡翠碑文》的論述做背書。

時間和空間，到底是實相還是幻覺？

時間和空間都是宇宙意識的顯現，兩者是相互依附，且相互成就的力量和功能，而且都是從宇宙初創起，就在道法中不斷地成長。若從佛家形上學的角度來看，整個宇宙都是一種幻覺，因此其中的時間和空間，當然也可稱之為人的幻覺。但若從人的意識層面來看，時間和空間都是可以透過人的理性而辨別其存在的。因此，若借用佛家《心經》的詞彙來形容，則是：色空如如。也就是說：時間和空間，即是實相、也是幻覺。

時間存在的意義？

時間存在的意義：從微觀而言，是區隔並界定空間中所發生的事件；從宏觀而言，是標記宇宙發展的進程。如果宇宙不是由意識所造，而是由化學物質隨機組成，那麼區隔事件或標記進程，便毫無意義！（要標記給「誰」看呢？）若宇宙不是由意識所造，那時間根本就不需要存在。所以，越來越多的物理學家覺得自己好像是在研究哲學。而且，越來越多無神論的物理學家不得不承認：宇宙是來自一種智慧的設計，而非機率的巧合。

總而言之：時間和空間存在的唯一可能的意義，就是為宇宙意識而服務。宇宙意識就是本碑文所說的最初那個決定性和擴張性的意念，也就是太乙。

[7] 時間（和空間）飄浮的奇特角度：

本碑文前面所說的「時間不會移動」，指的是時間對應於知覺者而言。而此段所說「時間遵循著很奇特的角度和方向在動」，是指時空在不斷成長的過程中，所處的一種有韻律如電漿（或稱等離子體）般的流體漂浮狀態。所以，前後所述並不相左。這個奇特的角度，應該就是第九塊碑文（空間之鑰）中所說的時空邊界的彎角和弧度。第九塊碑文的篇後註中，附有圓形膜波動型態動畫的網址，或可為視覺參考。

[8] 超脫時間束縛的方法：

所謂用意識引導自身能量做「向上和向右的環狀運動」，若從頭的上方往下觀想，就是自己身體這個能量場的一個逆時鐘的螺旋。在靈修和神遊時，意念引導的旋轉方向非常關鍵。杜瑞歐 1939 年出版的本書英譯本，以及直接拷貝自該書的其他英文版，在此處都漏掉了「環狀運動」（dans un mouvement circulaire）這幾個字。這種疏漏，會對想要認真實踐的讀者造成嚴重影響。關於螺旋方向的詳情，請見第四塊碑文（空間的誕生）篇後註 6 對無限萬有曲線的討論。

[9] 被動的靈魂出竅：

如同第一塊碑文（圖特的歷史）中的註解所說，人的意識與靈魂可以相

互影響。修習到位的人，可以用意識引導靈魂出竅。無論是主動或被動，靈魂一旦出竅，肉身的官感和思維都是處於停頓狀態，而靈魂中的意識則會同時甦醒。離開了肉體後的你，是以一種精神能量的型態存在。

不少人在睡眠中都曾經歷過，所謂的鬼壓身（waking paralysis 或 sleep paralysis）。其實那只是：被動的靈魂出竅之前的一個短暫情況。當人的身心承受著過大的壓力（或疲勞）時，軀體與其所承載的靈魂之間的關係，可能會發生的一種臨時性的變化。也就是，靈魂正要飄起而尚未完全離體之際，肉體的意識突然醒覺，但暫時還無法感覺或指揮自己的身軀。

若你遇到這種狀況，請完全不用自己嚇自己。這種狀況，即不是鬼在壓你，更不是所謂地府的幾爺、幾爺在索命，而只是你身心靈之間的臨時失調，而且一般都只有幾秒鐘。就算你（的靈魂）真的飄了出去，一般最多一分鐘，你就會自動的回來，身體也立刻就會聽使喚了。（所以，真的不用害怕！）

對於靈魂出竅的現象，西方這幾十年來多稱之為出體經驗（OBE：Out-of-body Experience），有些臨床醫生則稱之為瀕死經驗（NDE：Near-death Experience）。很可惜，至今主流的醫學界仍只停留在，想用藥物來複製類似經驗的階段，而尚無法觸及「精神層面的本我」（類似於佛家所說第八識的阿賴耶識— Alaya）。

[10] 現今的人類並非來自單一的源頭：

圖特說：「在遙遠的過去，我見到了人類的各種起源。」這一句陳述就明白的否定了人類的單一起源論。《聖經・創世紀》4：14中記載，亞當的長子該隱（Cain）因為嫉妒而殺了他的弟弟亞伯之後，被耶和華逐出伊甸園時，曾抗議說：「你如今趕逐我離開這地，…我必流離飄蕩在地上，任何見到我的人，就會殺了我。」（英國詹姆士王欽定版聖經（KJV）的原文是：[E]very one that findeth me shall slay me.）《聖經》的這個敘述明白的表示了，伊甸園之外還有其他人類的存在。

現今對人類共祖的普遍看法：

自從 2009 年國際人類基因組計畫（HapMap）公布了第三階段研究成果起，許多對新科研有興趣的讀者可能都已接受了，人類共同的起源來自非洲的說法。更明確的說法包括：（1）現今人類都有著與 16 萬年前非洲一位女性相同的粒線體 DNA，以及（2）與 14 萬年前非洲一位男性相同的 Y 染色體，（3）現今的人類，皆 7 萬年前從東非遷入近東的智人（homo sapiens），之後又逐漸遷徙至全球所傳下來的後代。

反駁以上說法的研究：

2012 年 5 月美國 DNA 譜系科學院的 Anatole A.Klyosov 重新審視了

「走出非洲論」和歐羅巴人種的起源。他認為人類並非起源於非洲，並使用 Walk through Y 項目的數據證明了這一觀點。研究結果發表在科研出版社英文期刊《人類學進展》（Advances in Anthropology）。2013 年 11 月澳洲墨爾本考爾菲德南部國際岩石藝術聯合會（IFRAO）Robert G. Bednarik 也在上述期刊中發表了一篇文章；從多個角度分析反駁了走出非洲理論，認為該理論是一個騙局。（www.ettoday.net/news/20140103/312771.htm#ixzz55TDboRNE）

[11] 譯註者解譯「打開空間咒語」（和其他咒語）所依據的方法：

咒語是人的意念、感受、和語音同步共鳴時，所產生的能量。所以它具有無與倫比的威力，也是圖特教導的精華之一。譯註者所查閱的所有英、法文譯本，都是使用羅馬拼音來嘗試重現遠古時的咒語發音。然而，準確的遠古發音，經歷了無數世代的傳遞後，不可能不失真。而最頭痛的是，法、英文譯本中，幾乎都沒有對咒語的意思做任何註解。不知咒語的意思，哪來的感受和念力？ 更何況，咒語的發音，從古埃及到八世紀的阿拉伯文，到十二世紀的拉丁文，怎麼可能沒有變化或差錯？ 所以，準確的發音已不可能掌握。只能盡力尋求咒語的意思，以及可能較接近古語的發音。為了讓讀者能夠觸及《翡翠碑文》中的精髓（至少能有某些可供參考的資訊），譯註者付出了極大的心力，故得採用下述的原則與方法，嘗試了對咒語的解譯：

（1）合理性：咒語的意思必須符合上下文以及全書的理論、邏輯、甚至章節發展順序，而不應有相互矛盾之處。

（2）音譯：進‧悟如（Zin-Uru）這個咒語的中文音譯，是選取最接近拉丁語發音的中文字。如此音譯的道理，是因為本書所依據的法文底本，是從拉丁文翻譯過去的。

（3）意譯：意第緒語（Yiddish）裡，Zin 是 זין，意思是兒子（們），而 Uru 是 אורו， 意思是光明。所以，這整個咒語的意思就是光明之子。譯註者參考意第緒語來解密咒語的原因：最早有案可查的《翡翠碑文》，是八世紀時用阿拉伯文寫的。所以其中各種咒語所用的語言，最有可能的就是西亞和近東地區的某一種古語。而現存最可能接近古代該地區所用的「閃米特語」❹的，就是希伯來語中一個稱為「意第緒語」❺ 的方言。所以，意第緒語或可為咒語的意思提供線索。

（4）其他根據：有鑒於猶太文明與近東閃族和古埃及的關係，以及猶太卡巴拉密教與赫耳默斯主義之間的淵源，譯註者揣測：希伯來文數碼計算學（Hebrew Gematria）有可能為咒語的涵義提供線索。傳統的猶太文化認為：希伯來文 22 個字母中的每一個都是神聖、具有深義、而且對應著某一個數碼。所以，任何一個字、詞、或句，都能加總出其所對應的數碼。猶太卡巴拉密教認為：所有相同數碼的字、詞、或句之間，都存在著某種關聯。因此，此法也可當作推測某咒語涵義的一個參考。（有

❹：閃米特語（Semites）是古代西亞和近東地區閃族人的語言。兩伊、 阿拉伯人、和猶太人都是閃族的後裔。

❺：為了逃避戰爭和奴役而避居東歐的早期猶太人，甚少與其他語種的族群交雜，故在某種程度上，古代閃米特語的嫡系語言，很可能意外的被保存在今日猶太人的方言—意第緒語之中。

些後世的應用門派,也把這種文字計算法,發揮到預測學和算命上面。)

[12] 唸誦「打開空間咒語」時的要領:

唸誦此咒時,不是要去觀想百會穴(冠輪)或泥丸(上丹、天眼)中的某個空間的開啟,而是要讓,身為光明之子的你自己,發揮所有的光明意念。你所要觀想的是:全身的每一個細胞、所有的能量、和所有的意識,全都離開了物質界而化成了光明,並觀想那些光明的能量呈逆鐘不斷向上盤旋。此刻,你就是光、光就是你,因此你會自動與其他來自源頭的光明合而為一。達到這個境界時,你的意識就會自動地超越肉體所在的那個時空,你腦子的意識就會自動被靈魂的意識接管。

[13] 多重宇宙之間的疊加態(superposent):

多重宇宙和時間本質,都是當今天文物理學界最熾熱的論戰題目之一。各種思維的光芒,交互閃耀,精彩無比。而奇妙的是,新的發現卻每每印證著圖特遠古時的教導。

圖特說:「所有的世界都是重疊的;每一個世界和宇宙,都在另外一個世界和宇宙之中。」量子多世界理論(quantum many worlds)說:多重世界存在著疊加態(superposition)。也就是說,我們的世界存在於許多其他的世界之中,而且相互都交參疊加在一起。二十一世紀科學家的

最新理論，又與遠古文明的教導有著驚人的相似之處！

加拿大舉世聞名的圓周理論物理研究院（Perimeter Institute for Theoretical Physics）已經開始邀請哲學家參與研究。物理學界如果願意參考遠古文明的智慧，或又會有重大的突破。

[14] 阿儒盧界（le domaine d'Arulu）的王子為何晦黯不明？

阿儒盧界的王子乃是天界中光明之子的領袖，本應是光明的，但因為祂的任務是使用某種晦黯不明（obscur）的力量，來區隔各個時空界域，所以只有光明度夠強的靈魂才能進入天界，也因此祂的顯像才是晦黯不明的。正如前文所言，所有的世界（空間）都是重疊的，其間是由法則加以區隔。這項任務的執行者就包括了這些天界的王子們。

[15] 圖特用了九段的篇幅敘述了：他如何的勇闖天界，並作法召喚了比人類女子還優美的智慧，來到人類世界發光。圖特到底是想說明什麼？譯註者歸納如下：

（1）神祇只是奉行天道，而不具有對人類主宰的權威。
（2）只要是為了提升人類靈魂的光明，且若法力夠強，人或神人也能克服天界所設的障礙、召喚天兵天將來助陣、甚至連天界的王子都會受其左右。

（3）前文間接的指出：陰間存在的目的是為了亡靈的淨化及其光明度的提升。根據本碑文的敘述，也可進一步推論：天界（至少某部份）存在的目的，是接納和成就充滿光明的人類靈魂。

[16] 太乙創造宇宙萬物的目的：

綜合推敲以上四段，可得出一個重大的訊息：太乙創造宇宙萬物的目的，也就是道法運作的目的，就是彰顯光明。《聖經·以賽亞書》43：7說：「就是凡稱為我名下的人，是我為自己的榮耀創造的，是我所做成，所造作的。」基督教的神學理論多半引用這段經文，來解釋神為什麼要造人。《聖經·約翰壹書》1：5說：「神就是光。」故若綜合以上兩段經文，則可得知：神造人的目的雖是為自己的榮耀，但因神就是光，所以其目的等於是為了彰顯和榮耀光明。這與《翡翠碑文》的意思完全一致。

[17] 恐懼是人類的大敵：

圖特說：「綑綁著你靈魂的，就是你自己內心的恐懼。」一般心理學對恐懼的解釋是：為了某種極不願發生的狀況，而擔驚受怕的感覺。恐懼和所有其他的感受與意念一樣，其物理性質都是一種能量和頻率。然而，恐懼的頻率是負面感受當中，自我毀滅和破壞力最大的前幾名（其他還包括：悲憤、仇恨、焦慮、和絕望，等等。這些負面情緒的能量，就是人體癌細胞爆發的最大泉源。所以，佛教常要信徒感恩；耶教常要信徒

交託、感恩）。

佛家對恐懼有以下極為深刻的論述。智慧第一的舍利弗（Sariputra）曾問佛祖：財佈施、法佈施、和無畏佈施，這三佈施之中，何者功德最大？佛祖給的答案是：無畏佈施。這就是說，功德最大的就是「使人免於恐懼的服務」。可見，佛家也認為，恐懼是人類自我解脫的大敵。

[18] 圖特所說「恐懼就是黑暗的阿儒盧天界的領主」是何意？

圖特的意思是：天界的領主使用黑暗來區隔天界和其他的界域，為的就是讓不夠光明的人類靈魂不敢靠近。至於，人類為什麼會懼怕黑暗呢？譯註者的淺見：因為黑暗代表著可能的混亂，和不利於己的潛在狀況。太乙創造宇宙萬物的目的就是彰顯光明，而道法之所以讓天界的王子展現駭人的黑暗，來嚇阻人類的靈魂升入天界，就是為了促使人類靈魂不斷地努力增強自己的光明，從而克服可怕的黑暗。而增強靈魂的光明，其實就是滌除自己心中的陰暗。

[19] 如何才能「免於恐懼」？

（1）各家的教誨：恐懼這個因素對人的負面影響至鉅，儒、道、釋、耶各家都有相關的教誨。我們不妨先來比較一下，以免偏聽偏信。

A. 基督教的《約翰壹書》說：「愛裡沒有懼怕。愛既完全，就把懼怕除去。」（There is no fear in love；but perfect love drives out fear. - 1 John 4：18）其意，簡言之就是大愛無懼。

B. 儒家所提倡的「智、仁、勇」三達德也與恐懼有關。《論語‧子罕》說：「知者不惑、仁者不憂、勇者不懼。」 勇就是不懼，但《論語》並未解釋：人憑什麼，能夠勇或是不懼？！反倒是，《孟子‧離婁下》所說的仁者愛人，推而廣之就是人溺己溺、冒死救人的大愛，更接近無懼。（進一步的說，就是：大愛者無懼。）《孟子‧萬章上》說：「莫之為（wei4）而為（wei2）者，天也。」 譯註者的白話翻譯是：無私欲而作為的，就是天道啊。（此論和道德經所說的天地不仁相通。）所以，儒家也認同天道無私。孔孟雖未明示無私與無懼之間的直接關係，但可間接的推論得之。

C. 《道德經》第 13 章說：「故貴以身為（wei4）天下，若可寄天下；愛以身為（wei4）天下，若可託天下。」 譯註者的白話翻譯是：「所以，若某人對天下人福祉的重視，到了願意終身奉獻的地步，如此便可將天下交付予此人；若某人對天下人的愛護，到了願意付出自己性命的地步，如此便可將天下信託予此人」。這段論述，雖然不是在教導如何免於恐懼，但其所強調的無私無我的大愛，正是任何人能夠做到無所畏懼的根本原因。所以，或許可以說，《道德經》也間接的指出了無我與無懼的關係。

D. 佛家如何使人免於恐懼？佛祖曾說三佈施當中，功德最大的是無畏佈施。至於無畏佈施到底要怎麼做？ 譯註者魯鈍，尚未找到佛教典籍中的貼切的論述，而只搜集到下列的一些說法：

- 有人說，持戒本身就是一種無畏佈施。
- 有人說，戰爭時對士兵後方家屬的照顧，也是一種無畏佈施。
- 譯註者中年時的淺見以為：陪伴、給予希望、和具有同理心的言行，都是一種使人免於恐懼的服務。

雖然以上各個觀點都有其道理，但在研習了《翡翠碑文》之後再來看，則覺得有些隔靴搔癢。這是因為，真正能讓某位受者免於恐懼的是：施者對無私無我的大愛，無條件和全心全意的奉行。能夠真正奉行的人，可能距離成佛已經不遠了。或許，這就是佛祖最推崇無畏佈施的原因。

（2）圖特的教導：

A. 第四塊碑文（空間的誕生）所授的靈修法中提了四項要求，其中的前兩項都是要人去除欲望。

B. 第八塊碑文（奧秘之鑰）說：「恐懼是一個非常大的障礙。只有心靈清澈並且深具愛心的大師，才能克服恐懼的陰影。只要你堅定自己身為光明主人的立場，陰影便會立即消散。」

C. 第十塊碑文（時間之鑰）說：「恐懼來自於自我綑綁的一種波動。…只要不讓你的思想走入陰暗，你就會與光明合而為一。」

綜合圖特以上的論述可知：所有為了私欲私利的意念和行為都是陰暗的。所以，人類必須去私、去我、而且心有大愛，才能無所畏懼。達到無私無我之後，靈魂才能潔淨光明，也才能通過道法所設的障礙而融入光明，並獲得真正的自由。真正的無懼就是來自這種信念。所以，無我→大愛→無懼→自由。從這個角度來看，儒、道、釋、耶各家所論與《翡翠碑文》的教導，皆有相通之處。

「兄弟連」無私無我的大愛

喜歡看二戰大片的朋友，或許對史蒂芬・史匹柏和湯姆・漢克斯聯合執行製作的電視劇兄弟連（Band of Brothers）不會陌生。在諾曼地登陸後的第六天，美軍 101 空降師在卡朗唐之戰（the battle of Carentan）中，那一位帶眼鏡的愛爾蘭裔隨軍神父的表現，就是譯註者心中對無私無我的大愛最鮮明的寫照。對生命，若無超越肉身層面之理解及信仰者，是不可能做的到的！

兄弟連當然只一部影片，但在我們真實的世界中也是在所多有，只是極難被鏡頭捕捉。1999 年，美軍在阿富汗的地面部隊遭敵軍圍殲時，William Swenson 隊長冒死營救喉嚨中彈的隊友上直升機的實況，總共才兩分多鐘，卻引發了無數的英雄淚。這位隊長在 2013 年獲得了美國總統所頒發，代表軍人最高尊榮的國會榮譽勳章（the Congressional Medal of Honor）。隊長在受訪時被問到：「你為何最後親（kiss）了他額頭一下？」他回答說：「我只是想排除他的恐懼！」（I just want to keep his fears out!）

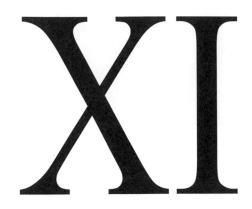

XI

LA CLEF DE CE QUI EST EN HAUT ET DE CE QUI EST EN BAS

第十一塊碑文

上下關係之鑰

哦，肯姆的孩子啊，你要注意聽我對你說的話，這些話將會帶給你光明。

哦，人哪，要知道，我不僅認識你們的父輩，我還認識你們久遠以前的祖先。

然而，我從知識發端之時起，就已在你們當中生活。我這麼做的目的就是，帶你們脫離暗夜，引導你們迎向我一直追求的偉大靈魂中的光明。

要知道，我圖特雖生活在你們之間，但我掌握著人類自遠古累積至今的知識與智慧。我一直是這個偉大種族各種秘密的保護人，也是生命之鑰的保存者。哦，我的孩子，這些知識，是我從原始的黑暗年代為你帶來的。

現在來聽聽我智慧的話語。聽聽我為你帶來的訊息，你就能從各種黑暗中升向光明。

很久以前，當我首度來到你們中間時，你們還住在山窟洞穴裡。經由我的能力和智慧，我提升了你們，所以你們也能和其他一些人一樣的，在人類中散發著光芒。沒錯，你們當時還不具備任何知識，也只比其他動物「演化」[1]的多一點。於是我點燃了意識的光焰，直到這個光焰在人類中閃耀。

我現在要給你的遠古知識，超越了你這個種族人們目前的思想。

我們的種族是了不起的。我們擁有著遠超於當時人類的知識和來自星際諸多種族的智慧。 偉大的智慧大師們[a]來到了我們當中，我就是當時人類中的一員。

你要注意聽我講述的這個智慧。運用這個智慧，你就能獲得自由。

要知道，在我蓋的金字塔[b] 裡面，有幾把將會指引你「通往偉大生命之路的鑰匙」[2]。

從我所蓋的大形像（人面獅身像？）[c]，到大金字塔的頂端之間，劃一條線。沿著這條線有一個建好的通道。

沿著與前一條線相反的方向和「角度」[d] ，再劃一條線。你在這裡往下挖，就會找到我所藏的東西。一個通往藏著人類出現之前各種秘密資料的地下入口。[3]

現在，我要和你說一說，有關各個循環層次的奧秘。這些循環的運作是無限的，所以從有限的角度來看是很奇怪的，也是人們難以埋解的。

總體而言，共有九個循環層次[4]：九個在上、另有十四個在下，但都和

[a]：圖特所説偉大的智慧大師，就是現在有些宗教所稱的神或仙。

[b]：此處所説的金字塔，就是在第一塊碑文中解説過的，圖特用抵消地心引力之力在埃及所建的大金字塔，也就是現在吉薩三座金字塔之中，最大和最靠北邊的那座沒有石灰岩外殼的金字塔。

[c]：大形像（la grande image）後面括弧中的「人面獅身像？」（sphynx？）這個字，以及後面的問號，都是原文（法文本和英文本裡都有），而非譯註者所妄加。

[d]：此處「角度」（angle）的意思與上下文意不符。若改為"長度"則能定出挖掘的地點。據譯註者的推測：史前文明資料隱藏處的入口，應該在獅身人面像頭部的東南約550公尺處。有關此推測和判斷的説明，請參考篇後註3。

諧的朝著未來的一個會合處前進。這些循環週期的領主們，都代表著不同層次中的靈魂及其意識。祂們的任務是整合各該循環層次中靈魂的意識，使其最終融入萬有。

每位領主的意識層次都高於這些循環，祂們都和宇宙法則一起，和諧的運作著。

祂們都知道，一切終將臻於完美。上下高低都將不復存在，一切都會在無限完美中合而為一。一切都會在萬有合一的和諧統領之中。

儘管如此，要知道，在無限裡面，沒有上下高低之別。當任務完成時，所有的一切，與將有的一切，都會與萬有融為一體。

遠在地表下方的阿曼提諸大廳中，坐著這七個循環層次的七位領主；另外還有一位，就是底層的領主。

我已多次的去到阿曼提的諸大廳中，我常把自己呈現在萬有的七位領主前面。我領飲祂們智慧的泉水，讓我的身體與靈魂都充滿著祂們的光明。

祂們告訴了我，有關宇宙法則的事，以及祂們如何能在各該層次的時空循環裡長存不朽的事。

有一次，九這位領主對我說：

「哦，圖特，你在地球子民當中是了不起的，但你還有尚不知曉的奧秘。要知道，你來自低層的時空，日後還要在更高層的時空中旅行。但仍有許多更高層次的重大奧秘，你還不知道。

要知道，你與這個意識❺已經是一個整體，但同時你又是正在成長中的一個細胞。

你的潛意識 [5] 正依據你所不瞭解的各種方式，在不停的增長。每一個眾生❻潛意識增長的方式都不一樣；即便你的家人或親屬，也都不一樣。

你的意識和潛意識的持續成長，確保了你就是你自己的因，也會是你自己的果。沒有一個生靈的意識會重蹈祂過往的旅程；否則萬物將只是無意義的重覆。每個時代的人，他的意識都隨著自己的途徑，朝著他的終極前進。

每個眾生都照著宇宙的計畫❼，扮演著自己的角色。他的循環層次越高，知識與能力就越強，也就更能與萬有法則融合。

那些處於較低層循環者所做的，是宇宙法則中困難度較低的工作。而來自無限循環的我們，所要努力的則是發揮更高難度的法則。

❺：因為這段對話發生於阿曼提大廳，所以這個意識，應該是指阿曼提大廳的意識，而阿曼提大廳的意識又是和宇宙意識同為一體。

❻：眾生（les êtres/the beings）不僅是指人類，還包括了其他有形體的生靈。其意非常類似佛家所説的有情眾生。

❼：宇宙的計畫就是宇宙的法則和規律。

在這些不同層次的循環裡，每一位都有自己要演奏的樂譜，每一位都有在途中要完成的工作。

這些所謂低層的循環，並非真的比較低或比較不重要。他們之所以在那裡，是為了達成一個整體的效用。

轉動所有循環的智慧之泉，持續不斷在尋找著新的知識和能力。新知識的獲得是建立在實踐之上，而智慧是來自於知識。**ⓗ**

所有的循環都是來自法則，而這個法則的來處，就是萬有的源頭。這些不同層次循環的共同作用，就是增強眾生的光明意識。

所謂低層的循環，並不是高低的低，而是那個循環時空裡，眾生靈魂的光明程度，低於我們這個層次。所以，該循環中的振動，不會波及我們這個循環。反之，我們這個循環裡，眾生意識的運作 [6] 情形，會影響比我們低層的循環。[7]

上如其下！**ⓘ**要知道，你工作的層次已屬較高的了，但在更高的層次中，還有其他的高智慧靈體或物種，依照著法則在工作。

這些不同循環層次的唯一差別，在於祂們對法則的執行和發揮能力。

ⓗ：此說，豈不類似王陽明的「知行合一」？！有知識，不一定有智慧；但沒知識，
　　則一定沒有智慧。

ⓘ：本碑文標題所說的上下關係就是上如其下、下如其上；若借用佛語，或可稱之為
　　上下如如。

在更高層次執行工作的我們，比你們更早與源頭融合。我們在穿越時空的途中，獲得了遠超乎人類能想像的，對法則的運用能力。

事實上，沒有任何東西是所謂在你之下，差別僅在於對法則的運用方式。因為法則的源頭是包涵一切的太乙，所以宇宙中的一切都是上下如如。所有比你低層的意識，都是你的一部份，正如你的意識也都是我們的一部份。

然而，一個人在兒提時期所擁有的知識，不同於他成長以後所擁有的。早期人類在各個生死週期的旅途中，所見到的和所理解的，較低層次循環裡的狀況，正如兒童之所見與兒童之理解。隨著時間的累積，你現在可以把自己看成一個長大的兒童，在知識和智慧上，都有了長進。兒童的成長有不同的階段，就像意識也有各個成長的週期。因為，一切皆來自同一個源頭，所以，智慧和不同循環週期中所有的意識，最終也都會回到源頭。」

第九位領主說到這裡，就不再言語，並與其他領主一樣靜默的坐著。其後，祂又再對我說：

「哦，圖特，我們為了保存生命的光焰，已在阿曼提坐了很久了。雖然我們的視野遠超過這個層次的時空，但我們都明白，自己也在這些偉大的循環之中。

不過，在我們眼中，沒有一件事，比我們靈魂的永恆成長更重要。我們知道肉身乃暫居之處。人類所看重的那些東西，我們視之為塵土。我們所盼望的遠超越了肉身，我們的目標是自我靈魂的完善。

當人類終於知道，靈魂的進步才是最重要的事情之後，他們就能脫離各種的奴役，也才能自由和諧地在宇宙法則中運作。

要知道，哦，人哪，你必須熱切的渴望完美，才能達到你的目標。你知道，在靈魂進步的道路上，完美是不存在的，可是你仍然必須把臻於完美，當作你的渴望與目標。」

第九位領主的聲音停止了；而他的話語已被我的意識深深的吸納。

現在，我將不停的尋找更多的智慧，期盼我能更完美，並且更接近萬有法則。

不久，我將下到阿曼提的諸大廳中，在冷的生命光焰附近生活。受過我教誨的人們將不會再看到我。對你們而言，我將永遠活在我所教導的智慧之中。

一個人所能成就的一切，都來自於他的智慧。而造就他智慧的因，正是他自己。「人就是自己實況的造就者」。[8]

現在，聽聽我說的，你要讓自己變得比一般的人類高明。注視著內心的光明吧，讓光明充滿你的全身，所以你能永遠成為一個光明之子。透過你的努力，你將不斷的進步，並終達「萬有皆光明」❶的境界。

你會成為你身邊所有人的大師，而不會再是你人生各種事件的徒弟。你將成為那完美的肇因，你將成為那陽光。讓你的靈魂自由的升起，永不再受手鐐腳銬的束縛。

抬眼看看天上的太陽吧，讓它成為你生命的象徵。要知道，你就是這個偉大的光明；當你解脫了束縛，你就會成為你所在世界中的完美光明。

勿再凝視黑暗，舉目展望蒼穹吧。讓你的光焰自由地升起，成為一位光明之子。

❶：萬有皆光明的境界就是：融入光明而達天人合一的境界。

第十一塊碑文篇後註以及各家論述的比較

[1] 人類體質和智能的成長，是自然突變和機率演化來的嗎？

圖特說，早期的人類比動物高明不了多少。這個說法表示：（1）圖特並不否定物種有演化的情形，（2）人類的智能發生過大幅度的增進。相較於早期的「智人」**Ⓐ**，現代人的智能當然是有了極大的進化。但這種進化，與達爾文所說的「進化論」**Ⓑ**是兩回事。根據圖特的各種論述，可以做出下列的總結：人類演進至今，在體質和智能力上的成長，主要是肇因於，與不同時空的多種高智能精神體（無形體）或生靈（有形體）**Ⓒ**的互動。譯註者的理解是：這些互動是多源頭、多批次、和長期的。**Ⓓ**

[2] 為何世人對金字塔一直如此的關注？

長久以來，許多的國家元首、超級富商、宗教界人士、科學家、考古學家、和歷史學家，對金字塔熱切關注的原因，除了其所蘊含的科學知識之外，至少還包括了下列兩個原因：

（1）此段所說：大金字塔裡面，藏了「幾把通往偉大生命之路的鑰匙」。
（2）本書的第一塊碑文中說：大金字塔的下方，有一個通往天界和陰間

Ⓐ：現代人類（humans）在生物學的分類，和人類學裡稱為智人（homo sapiens）。早期智人出現於距今25到40萬年前，他們當時是穴居，只懂得人工取火，和用獸皮做衣服。晚期的智人則出現於距今5到10萬年前，他們已能修建簡單房屋、做精製石器和骨器、懂得繪畫和雕刻等藝術，而且有明確的男女分工。

Ⓑ：達爾文的進化論，簡單的說就是：包括人類在內的所有物種，在繁衍過程中會發生自然的突變；突變後，不適應環境的則凋零，適應環境的則續存。據此，人類的智能，是無數代的突變和無數代的續存者，所累進而成的。

Ⓒ：這些精神體或生靈，都被早期的人類理解為「神」。這類的精神體，仍被當今許多的人類稱之為神；而這類的生靈，則被越來越多的當代人稱之為外星人。（根據維基百科的各種統計，全球無神論（Atheism）和不可知論（Agnosticism）的人口，約佔1/5弱。所以，大部份的當今人類（4/5）是有神論者。）

的門戶。（圖特把一個巨大無比的金字塔建在通道的上面；… 他把從太空中汲取來的能量，都集中在前往阿曼提的通道上；… 光明之子在地心所建的阿曼提界域，是前往陰間和天界的門戶。）

圖特說，大金字塔內藏有好幾把生命之鑰。譯註者淺見：所謂鑰匙不是真正用來開鎖的鑰匙，而是指方法。至於，是只需要一把，或是需要所有的鑰匙都齊聚後，才能開啟偉大的生命之路？ 譯註者並無從求證。但從翻譯時所得到的整體直覺是：任何一把都管用。

[3] 人類出現前的各種祕密埋藏之處的入口，到底應從哪裡開挖？

法文譯本已提供了兩點一線，故方位已知，尚缺的資訊是長度（也就是距離），但原文卻稱之為「角度」。角度這個字的英文、法文、和拉丁文都一樣（angle），故應不是拉丁文翻譯時所出的問題。可能情況的推測如下：

（1）從希臘文到拉丁文的翻譯（或是更早的譯本）中，就已經出了紕漏。考古學家常藉助史料和傳說來推測挖掘處。法文譯本所提供的資訊，或有用字混淆的問題；但是，杜瑞歐英譯本的問題更大，因為它提供了兩個互相矛盾的說法：一說是在人面獅身像的下方；另一說則是在大金字塔的下方。多年來，古埃及學的學者們，老是在獅像和大塔的內部和下方找資料，卻一直找不到所謂藏著人類史前秘密的資料室**Ⓔ**（Hall of

Ⓓ：加拿大前國防部長鮑爾・赫勒（Paul Hellyer），在2014年接受俄羅斯電視台《今日俄羅斯》（Russia Today，RT）的英語新聞節目《SophieCo》專訪時說：「已知的外星人有80種，… 有的在幫美國政府工作，… 有的在我們身邊出沒，… 有的在地底居住，… 其中有四種，來地球已至少幾千年，…」（www.youtube.com/watch?v=UalVcgbNAdQ）

Ⓔ：史前資料室之說，就是出自杜瑞歐的英譯本。該譯本甚至說，圖特逃離亞特蘭提斯時，所駕的太空船（spaceship），就埋在獅身人面像的下方。實在引人遐思！

Records）。這種困擾或許與英、法譯本的混淆或誤漏有關。

（2）此處所說的角度，其實應該是程度或長度的誤譯，也就是說：這第二條線也要等距的往反方向拉。果若如此，那具體地點便可確定了。獅身人面像的頭部，在大金字塔尖的東南約 550 公尺處（圖 11.1）；故從獅身人面像的頭部，再往東南約 550 公尺處，很可能就是藏密入口的上方。該處就是 Elhadaba 餐廳（位於現今大型遊覽車停車場的東南角）的南西南方約 180 公尺的空曠處。

[4] 關於這些不同的循環層次：

（1）何謂不同的循環層次？
圖特說：「總體而言，共有九個循環層次，九個在上、另有十四個在下」。所謂在上或在下，指的是那些循環中靈魂的層次，比現世人類靈魂的一般水準要高或是低。圖特又說：「當任務完成時，一切的上下高低都將不復存在；所有的一切，和將有的一切，都會與萬有融為一體。」

這些不同的循環層次，包括天界和陰間，都是人死後亡靈的可能去處；圖特把通往兩處的門戶統稱為阿曼提。此二處的位置就在地球的內部，只是與現在人類所生存的地球，處於不同的時空維度。所以，地底通往阿曼提大廳的路徑，並不是一條真正的地洞或地道，而是圖特需要借由大金字塔所聚的能量才能接通的一個時空隧道。

（2）這些不同循環層次（包括：天界和陰間）存在的目的是什麼？

圖特說：「這些循環的運作都是無限的，… 這些不同層次循環的共同作用，就是增強眾生的光明意識。… 和諧的朝著未來的一個會合處前進，… 與萬有融為一體。」

圖 11.1：獅身人面像的頭部，位於大金字塔頂的東南，且面朝正東。（此照攝於 1872 年。）

（3）神存在的目的，神的任務？

這些不同循環層次的領主，就是一般人們認知中所謂的神。所以，圖特說的領主的任務，就是神的任務，也就是：整合各該循環層次中靈魂的意識，並最終使其融入萬有。

所謂底層的領主，應該就是靈魂層次低於人世的那十四個循環層次的領主，也就是前面所說，陰間裡死亡（或暗夜／黑暗）大廳的領主。第三塊碑文（智慧之鑰）說：「三這位領主，祂是各個死亡大廳的創造者。祂所施展的能力，把人類之子的亡靈籠罩在黑暗之中。祂是人類之子所有負面因素的調度管理者。」但是，三這位領主，並不是那十四個較低層次循環的領主，因為正文中說：「遠在地表下方的阿曼提諸大廳中，坐著這七個循環層次的七位領主（第三到第九）；另外還有一位，就是底層的領主」。後面的碑文，還有關於底層（或黑暗大廳）領主的更多的論述。

圖特的許多智能是來自於這些領主，所以圖特對祂們當然是非常的崇敬，但他能如此直白的敘述神的任務。這種高度，是譯註者在任何其他的教、宗、門、或派的教導中，所未曾見過的。

[5] 人有幾種意識？

（1）意識（consciousness）是心理學和腦神經醫學裡，即關鍵又頭痛的

一個課題。意識最簡單的解釋可能是：自我知覺、感受、思維、和記憶的一種綜合功能。

（2）潛意識（the subconscious）最簡單的解釋可能是：人的意識當中，自己所沒察覺到的，或說是潛藏起來了的那部份。潛意識這個心理學的理論，最早是由被譽為精神分析之父的猶太裔奧地利心理學家，西格蒙德・弗洛伊德（Sigmund Freud）在其 1899 年以德文出版的《夢的解析》（*Die Traumdeutung*）中所提出。潛意識一詞最早的英文稱為 the unconscious（mind），後來被統一稱為 the subconscious。

直到近幾年，還有西方學者認為，弗洛伊德的潛意識理論在基礎上，受到猶太教神秘主義卡巴拉（Kabbalah）的影響。出處：紐約大學（NYU）2014 年的一個論壇中，引用大衛・巴肯（David Bakan）的著作，提到：有些學者認為，弗洛伊德的潛意識理論在基礎上，受到猶太教神秘主義的影響。大衛・巴肯是哈佛大學與芝加哥等大學的心理學教授，他的著作是 1958 年出版的《佛洛伊德與猶太教神秘主義的傳統》（*Sigmund Freud and the Jewish Mystical Tradition*）。

（3）圖特並未對潛意識（la conscience sous-jacente / the underlying awareness）做太多的說明。譯註者的粗淺理解如下。圖特說：「你意識（和潛意識）的持續成長，確保了你就是你自己的因，也是你自己的果。」所以，曾經發生過，但因為遺忘或是被壓抑而隱藏起來的一切，當然也

會繼續影響一個人的感受、思考、決策、行為、以及他的未來。潛意識有點像一個具有無限儲存量的人生行車紀錄器,它不只儲存著今生的點點滴滴,也透過與靈魂意識的某種連結,而能存取更早之前的紀錄。應用心理學的深度催眠法在這方面已有可觀的發揮。

(4)超心理學(Parapsychology)所說的超意識(ESP:Extrasensory Perception)是指特異功能(神通)之類的超感官能力(例如,心靈感應和預知能力等等)。它當然與人的潛意識有關,但超心理學所側重的是此類潛能的原理,而圖特所提示的是:潛意識是人類在累世生死輪迴中,因果業報的總帳本!

[6] 意識的運作就是能量和頻率的顯現。

這種意識(或意念)的頻率(或波動),不僅近代科學家尼古拉・特斯拉曾做過精闢的闡述(請參考第七塊碑文—七位領主,其中對振動的篇後註),在古埃及的象形文字、壁畫、和浮雕中,也有許多類似的表達:

(1)道法、宇宙意識、自然規律、智慧、和無所不在的能量,包括人的意識、思想、意念、感受、祈禱、誦經、和唸咒,都是一種頻率。但此說在特斯拉之前,早已見於古埃及壁畫中狀如水波的頻率符號:

(2)圖特在古埃及神話中的代表形像,就是下圖中的鷪(ibis 朱鷺)頭

人身。他身旁的象形文中，都有這個意念頻率或咒語的符號。可惜，從十八世紀開始，西方有些披著考古外衣的半吊子老九門（盜墓賊），以及今日一些埃及象形文字（Hieroglyphs）專家，都還是把此符號解釋成水。圖特在本碑文中的論述，可以佐證：水的這個解釋有誤。在埃及神殿中，圖特的浮雕或壁畫旁邊，只要有象形文字出現，都可以見到這個代表意念、能量、頻率、或咒語的符號。（圖 11.2）

[7] 眾生意識的運作情形，會影響比我們低層的循環。

前一個註解說過：意識的運作就是能量和頻率的顯現。正文中，這整句的意思就是：光明程度較高者的意識運作，會影響較低層次的受眾。所以，同一個時空裡的生靈之間，意念較強者可以影響較弱者；眾生的集體意念，可以影響單一強者的意念；同步的集體意念，可以影響周邊和遠方的生靈，甚至是自然界。

推而廣之就是：神祇們的共同意識，會影響人類；人類的共同意識，會影響陰間的亡靈。所以，根據圖特的教導，台灣民間頗盛行的所謂祈福法會或是集體禱告，並不一定都是擴權斂財的手段。眾人的心念，若經由妥當的引導而產生共鳴，其效用可以是非常驚人的。只不過，各種名目亮麗的法會，是不是披著光明外衣的騙局？ 其辨別之法，後篇另有詳註。

圖11.2：在上埃及盧克索（Luxor）的卡納克神廟（Karnak Temple）中，圖特的浮雕與壁畫旁邊，都有頻率的符號。（www.secretoftheankh.com）

[8] 人就是自己實況的造就者（Il est le créateur de sa réalité）。

幾乎當今所有的宗教都要求信徒：信神、拜神、求神、奉獻。甚至有的神職人員濫用心誠則靈的觀念，引導信眾在求神的時候要拿出誠意來。圖特講述了相當多的神鬼之事，但他卻從未說過神需要供奉。（真神是不需要供奉的；需要供奉的是經營宗教的生意人。）圖特教導的是：「你就是你自己的因，也是你自己的果。⋯ 人就是自己實況的造就者。」也就是說：人生的現況和未來，都是自己的思想、意念、和言行，一步步累積出來的。譯註者的淺見是：人若心懷光明、行事為公，則神自來助、鬼不來擾；人若心中晦暗、鑽營私欲，則求神不應；人若妒恨填膺、心懷恐懼，則邪靈易現。

以上的論述，只是從《翡翠碑文》中萃取出的無數精華智慧之一。若是要論某人一生在俗世的具體功業，孔子、老子、佛祖、和耶穌，似乎都乏善可陳。但是，他們所留下來的智慧，兩千多年來不斷的照耀並引導著人類，都是人類文明的無上珍寶。他們對人類的正面影響，絕非亞歷山大或成吉思汗等征服者所可比擬。所以，譯註者期盼，讀者能對這些遠古傳下來的，亙古罕聞的智慧，予以充分的重視。無論是支持了或挑戰了你原來的認知，都值得你深入的探究！

人就是自己實況的造就者這句智慧的話語，有可能被嚴重的誤解成：自己就是上帝；更可怕的是被扭曲成自己可以成為別人的上帝。圖特這句

話是極高層次的大智慧，但分毫的誤解則可能變成極危險的大陷阱。要知道，人只能發現和運用某某定律，而無法創造任何定律。人只能在大自然的法則之內運作，一面創造自己的實況，同時享受或承擔其後果。所以，人即不是自己的上帝，更不是別人的上帝；人只是自己實況的造就者。對此句箴言的正解或誤解，所可能造成的後果，分述如下：

（1）覺悟和超脫者的正解，可能是：從此刻起，我要為往後的一切負責；我一切的感受、意念、言語、和行為，都要為了靈魂的光明和完美而努力。

（2）偏執和沉淪者的誤解，則可能是：從此刻起，我可以運用我意念的力量，或是利用靈界的力量，來滿足我人世的欲望。現今有些吸引力法則或心想事成培訓老師所採用私欲取向的引導，以及某些宗教組織所提供有求必應的服務，其背後所隱含人神交易的觀念，很不幸的，常常使人進一步地墮入黑暗的深淵。

XII

LA LOI DES CAUSES ET DES EFFETS ET LA CLEF DE LA PROPHETIE

第十二塊碑文

因果關係與預言之鑰

哦，人哪，聽聽我智慧的話語，聽聽亞特蘭提斯人圖特的聲音。

我已征服了時空的法則，我已獲得了未來的知識。我知道，人在時空中穿越的時候，一直都是與萬有合而為一的。

哦，人哪，要知道，只要你懂得讀，你的未來就會像是敞開在你面前的一本書。

在每一個結果中，都呈現著它的各種的原因；所有的結果，也都來自於第一因❷。

要知道，未來不是固定或預先排好的。一個因會造成一個果，所以未來是可以改變的。

好好的關注你想實現的「因」，你就會看到它的「果」❸。

宇宙創造的起源，就是導致萬有顯現的第一因❹。

你自己就是某個因的果，也是某些果的因。❺ [1]

所以，哦，人哪，你所該確保的是：你所造成的那些果，以及它們再造成的後果，都是完美無瑕的。

❷：第一因就是宇宙萬物肇始的原因。請參考第一塊碑文中對道法的註解。下文尚有更多的論述。

❸：若你希望在第三時間看到某種果，那你現在該做的，就是去安排並確保該「果」所需要的「因」，會在第二時間出現。

❹：第一因等同於第四塊碑文（空間的誕生）中所說的初始元素。

❺：本碑文標題因果關係的意思，就是此段所說的果如其因、因如其果。所以，一旦你瞭解了「因果如如」的關係，你就能夠預測未來。東、西方思想對此的可能關聯，請參考篇後註1。

「未來」❷從不曾凍結，而是依著人的自由意志而決定。直到「新時代」
❸的開始，人的自由意志，都會在時空中來來去去的發揮著影響。

一個時代的結束，便是一個新時代的開始。人可以透過對各種因果關係
的仔細檢驗，而看到未來。❹

只要對因果關係加以探究，你就會看到各種的果。但若各種原因錯綜龐
雜，以致無法理出頭緒時，又該如何呢？

那就，簡化你的人生。

聽著，哦，人哪，我和你談的是未來，還有那些隨著因而變的果。要知
道，人在通往光明的旅途中，也試圖逃避圍繞著「他」❺的暗夜。這暗
夜的陰影，同樣圍繞著天上的眾星，但太空中繁星的光芒，卻仍然穿越
暗夜的陰影而閃耀著。

他宏偉的使命會不斷的導引他向前，直到他與光明合而為一。

即使，他必須在途中穿越各種各樣的陰影，但仍會有一盞永恆的明燈在
他前面閃耀。

雖然前景晦澀，但他必須克服有如暗夜般纏繞著他的陰影。在暗夜的長

❷：人的現在，是由之前無數個自由意志的選擇所造成。人的未來，也是之前和現在
　　無數個自由意志所做選擇的結果。圖特否定命運說，而教導自食其果的因果論。
❸：新時代不是指我們現在的這個時空，而是指一個新循環層次的時空，包括我們的
　　來生。
❹：對因果關係的檢驗就是預言的鑰匙，這就是本碑文主題的意思。
❺：此處和下文所說的他，指的都是你和我。

河上，總有一艘「太陽之船」❶ [2] 在駛著。

我看到遙遠的未來裡光明的人類，不再有束縛靈魂的黑暗腳鐐。他們住在光明之中；他們已從黑暗的枷鎖裡解放出來；他們靈魂的光芒不再受到遮蓋。

要知道，哦，人哪，任何人在達到這個境界之前，都會遭遇一些遮擋你光明的黑暗陰影，這些陰影都企圖淹沒你追尋自由靈魂的光芒。

這個光明與黑暗之間的戰鬥，其規模無比的巨大。它是一場非常古老，卻又不斷重新發生的戰鬥。

不過，你要知道，在遙遠的未來，光明終將成為一切，而黑暗將不復存在。

哦，人哪，你要留意我智慧的話語。你要隨時備戰並保持警惕，你的光明就能永不黯淡。

人類的意識，一波波的升降往返於深淵的陰間，與所追求光明的太陽之間。沒錯，我的孩子，你原始的狀態，比獸類高明不了多少；然而此刻，你的光芒卻照耀著人類。❷

❶：引渡亡靈的太陽船指的就是圖特，船上的太陽就代表圖特所授的光明智慧。關於古埃及神話中的太陽船和例圖，請參考篇後註2。

❷：圖特所說人類的演進，是指心靈和心智層次的提升。與達爾文所說，體質和生物學上，經由突變和適者生存原則所主宰的進化論，不是同一回事。

過去在地球上，曾有比人類高強許多的各類物種，最終也都失敗滅亡了。人類在地球上，最終也會和他們一樣的結束 **k** [3]。

現在，在地面上擠成一堆，被認為是野蠻人的你們 **l**，也有機會在足夠的努力之後與時機成熟之時，加入光明。

遠古的智慧會被遺忘，但她們會因被隱藏在人類之間的某處，而保留下來。

有些新的種族會來到肯姆（埃及）這個地區，而另一些種族則會消失，並終被人類的子孫所遺忘。不過，你在未來的世代將會離開你原本的這個居處，而「與星空結合」 **m**。

人類的靈魂，永遠都在無止境的運動狀態中；就像一個星體，在無限的空間裡，朝著她偉大的目標飛行，並最終與「萬有之光」 **n** 融合。

如果你知道怎樣去轉換你的注意力，你現在就會是那光中之光。 **o**

因果法則會一路與你同行，直到因與果合而為一。因與果都將融合於光明之中。

沒錯，你離開後，你原先的居處會被他人佔據。勿再疑慮此等瑣事，朝

k：當代天文物理學已認同，我們目前的這個宇宙終將結束。而道、釋、耶三家，早在數千年前皆已明言。三家的相關論述，請參考篇後註3。

l：圖特當時的學生是穴居於今日埃及一帶的早期人類。

m：與星空結合的意思是：在另一個循環時空中，融入無限星空與萬有合一。

n：萬有之光就是第第二塊碑文（阿曼提大廳）中所說的萬有之火，也就是包納一切的光明能量。

o：佛家的《楞嚴經》中有一句幾乎一模一樣的教誨：「若能轉境，即同如來。」

著光明去吧。

人類仍將記得「眾神」❶的存在，但那些知識與智慧卻將被遺忘。

因為我的知識，你們現在把我當神一樣的對待。同樣的，在未來，如果你的知識無限的優越於其他人，你也會變成一個「神」。

不過，別忘了，雖然已歷經了無數個世代，只要人類想要，就能立刻獲得「這個法則」❷。

在未來的世代裡，在這個星球上取代你的那些人所會見到的，是許多被顛倒的價值，和各種被扭曲的智慧。

因此，他們一代代都還須要，各自再步上追尋智慧的長路，去學習如何用光明來摒除黑暗。

輪到他們的時候，他們必須堅持通過時空的障礙，才能進入自由的光明中。

許多被困於黑暗的靈體和生靈，會企圖阻止其他靈體和生靈進入光明。這種衝突所造成的戰爭，不僅將震動地球，而且會震動地球運行的軌道。

❶：跟據圖特的總體論述，眾神指的是：在各界域裡為宇宙法則服務的精神體或其化身。

❷：此處所說的這個法則是指本碑文所述的因果如如法則。

黑暗兄弟們會挑起光明與暗夜的衝突。

當人類，征服了海洋、能和鳥一樣的展翅在空中飛翔、並且學會了主宰雷電能量的時候，就是這場衝突將要開始的時候。**ⓡ**

這場光明與黑暗兩種力量的對決將是無比的巨大。為了世界霸權，有些國家會使用黑暗能量去對抗其他國家。一些可怕的武器將會毀滅一半的人類。

直到有一天，一些「曙光之子」**ⓢ**來到人類當中，並對人類說：「你們這些自家兄弟們，不要再戰鬥了。只有停止戰爭，光明才能再度照耀大地。你們要停止懷疑並且跟隨大道而行。要知道：『你們都是真理』**ⓣ**。」

兄弟之間和父子之間的戰鬥到那一天才停止。到那個時候，「地球才升起」**ⓤ**；我遠古族人的廟宇和房舍的遺跡，也將從深海中浮現出來。

光明時代於是來臨，這時人們所追求的目標是光明。光明兄弟們也將統治並驅離暗夜的陰霾。

人類之子也將能朝著偉大的目標進步，在條件成熟時，也變為光明之子。你們的靈魂到那時將永遠成為偉大光焰中的光焰。

ⓡ：譯註者不知，原子彈的爆炸是否震動了地球運行的軌道，但這一段的敘述，頗似對第二次世界大戰所做的預言。

ⓢ：曙光之子就是光明之子。

ⓣ：光明與黑暗為何都是真理呢？ 請見第十五塊碑文（密中之秘）。

ⓤ：圖特並未明言，所謂地球升起是什麼意思。但根據前後文，可能的理解是：（1）地球又恢復了該有的運作規律；（2）人類屆時產生了普遍的覺醒，並在精神層面上有了大幅的提升。

在黃金時代裡，知識和智慧都將屬於人類。他所接近的永恆之光，就是所有智慧的源頭。而這個「萬有的源頭」與「萬有的終極」●也是一體的。[4]

沒錯，在未來的時代中，萬有將成為太乙，太乙將成為萬有●。而且，人哪，與你完美結合的宇宙光焰，不僅將出現在群星之間，而且還能超越眾星的時空，而達到更高的維度裡面。

哦，我的孩子，你們已用心的學習了我教導的智慧。現在，我要前往黑暗，進到阿曼提的諸大廳，去打開那些大門，好讓光明在日後重返人間。

要知道，我的神魄會一直在通往光明的途中引導你。小心守護著我託付給你的祕密，我的神魄也會守護你的一生。你要永遠把注意力放在通往光明的路上。讓光明永遠是你的目標。

別讓你的靈魂被黑暗侵入；讓你的靈魂自由的飛向群星。

現在，我要回阿曼提去住了。你仍然是我的孩子，今生如此，來世也是如此。但終有一日，你將不用再和死亡打交道。到那時候，你也將成為世世代代人類的永恆光芒。

保護好通往阿曼提各個大廳的入口。保護好我信託予你的各種秘密。勿

●：萬有的終極 =（新）萬有的源頭，也就是：∞ = 0 = 1。此觀念乍看之下頗玄，但說白了就是：結束就是新的開始。這個類似於道家「無極生太極」和「有無循環」的理論，也是本書的一個核心觀念；請參考篇後註4。

●：萬有成為太乙，就是：∞ → 1；太乙成為萬有，就是：1 → ∞。整句的意思就是：太乙和萬有存在著無限循環的關係。

讓這些智慧落入野蠻人的手中。把這些秘密留給真心追求光明的人。

現在我要走了。接受我的祝福。跟隨著我通往光明的道路。讓你的靈魂沐浴在「偉大的本質」**ⓧ**當中。讓你的意識與偉大的光明合而為一。

你想呼叫我來協助的時候，可以連續三次唸我的名字：

「謝可德・阿睿理奇・福瑪立德思！」**ⓨ** [5]

ⓧ：偉大的本質是指：太乙、道法、和無限光明的智慧。

ⓨ：這組名字的意思是：一個獲得了真理神髓的永遠朋友。此處所說的名字，也可理解為呼叫圖特的密語。其他相關資訊，請參考篇後註5。

第十二塊碑文篇後註以及各家論述的比較

[1] 從不同宗教的核心教義（例如，因果論），來看古文明之間的關聯：

佛家在《淨土大經科註》第 255 集裡，有與圖特所說極為相似的因果如如論。以下的敘述，並非譯註者的臆測，而是有案可查的史實：

（1）漢傳佛教和西藏密宗都是來自印度的佛教。

（2）印度佛教的不少基礎理論（包括：因果論、輪迴說，等等）是來自婆羅門教。

（3）婆羅門教的起源與雅利安人脫不了關係。

（4）雅利安人，在從離開高加索山南下，到進入印度半島之前的漫長歲月中，與波斯文明發生過深刻的互動。

（5）波斯文明的源頭就是兩河流域的蘇美文明。一般歷史學者說，蘇美文明在約 6 千年前出現了祆教（拜火教），也稱之為當今人類歷史中最早的一神論或一神教。但考古發現，兩河流域下游的烏爾城在 7 千 5 百年前就已經存在，所以譯註者私忖：一神教的出現必定是更早。所謂祆教形成於 6 千年前和猶太教形成於 4 千年前的說法，應屬部份歷史學家的推測，而非斷論。

（6）歷史文獻和文物可以證明：基督教（新教）出自天主教，天主教出

自猶太教，而猶太教又與古埃及有密切的關係。至於，猶太教和祆教的淵源，則因年代久遠已難以查證。但值得特別注意的是，他們的教義有著驚人的相似之處，包括：與光明有關的創世說、一神論、二元觀、因果論；猶太傳統的卡巴拉密教也有輪迴的觀念。

圖特在本書第一塊碑文中說，來自亞特蘭提斯的他，就是古埃及文明的啟蒙者，連大金字塔都是他運用抵消地心引力的能力所造。若再綜合以上所列的六項史實，可以看出一個從古埃及到西亞、中東，之後：a. 往西北到希臘、羅馬，b. 往東到印度；從印度：a. 往東到東南亞，b. 往北經西域到中國和東北亞的文化關聯性。

《德基安章節集》（*Stanzas of Dyzan*）這本曾在美國風靡一時的書指出：亞特蘭提斯與東方最高層次的傳統，有著完全一致的源頭和親緣關係。此書的作者是 19 世紀著名俄裔美籍的海倫娜・布拉瓦茨基（H. P. Blavastsky）女士，也是美國神智會（Theosophical Society）創辦人之一。她自己說，該書是她受藏族喇嘛老師的鼓勵與授權所寫的。

[2] 太陽船（la barque solaire）

暗夜長河上的太陽船（圖 12.1）是古埃及生命復甦觀念裡，引渡亡靈的載具。坐在太陽船上的就是指引亡靈的圖特，鷺首人身就是他的代表形像，旁邊的狒狒是圖特的分身，也有說是他的同伴。狒狒所呈獻的是：

無所不見、無所不知的華狄特（Wedjat）之眼或是太陽神拉之眼（Eye of Ra）。此眼後來在埃及神話中演變成了荷魯斯之眼（Eye of Horus），也稱全視之眼（All-seeing Eye）或上帝之眼（the Eye of Providence）。

華狄特是古埃及歷史最悠久的神祇之一，她是代表太陽的眼鏡蛇女神。拉（Ra）則是太陽神的本尊。所以，無論那隻眼睛是誰的，都和太陽有關。也因此，那隻眼睛所代表的應該是無限光明的太陽及其智慧和能力。

全視之眼的符號不僅出現在古埃及和古蘇美文明中，也出現在天主教和某些社會團體中，例如共濟會（Freemasonry；台灣稱美生會）。

共濟會是始建於 18 世紀初英國的一個秘密社團。有人將其源頭回溯至近千年前的聖殿騎士團（Knights Templar），但其自稱起源於公元前 4000 年。共濟會早期的標誌是一個交叉的直角尺與原規（square & compass）中間有一隻全視之眼，後來全視之眼逐漸被英文大寫的 G 所取代。（圖 12.2、圖 12.3、圖 12.4、圖 12.5）

有人借著全視之眼的符號和教宗權杖上的松果體，在探討天主教與蘇美和古埃及文明之間的關聯。更令人不可思議的是，共濟會標誌裡的直角尺和原規，居然出現在伏羲和女媧的手中（圖 12.6）。此等不可思議的巧合，不禁令人聯想：東、西方文明在上古的源頭處，是否真有某些關聯！

[3] 圖特說，地球上的人類終將結束。對此，其他家怎麼說？

（1）《道德經》第 39 章說：「其致之（也），天無以清將恐裂，地無以寧將恐發，神無以靈將恐歇，穀無以盈將恐竭，萬物無以生將恐滅。」
（2）佛家對宇宙演化有成、住、壞、空四個階段的理論，稱為四劫。四劫的出處，請參考第七塊碑文（七位領主）中，對無限終極的註疏。
（3）《新約聖經‧路加福音》21：33，中文和合本：「天地要廢去，我的話卻不能廢去。」（"Heaven and earth shall pass away: but my words shall not pass away." - Luke 21：33 KJV）

圖 12.1：古埃及太陽船（la barque solaire）。

圖 12.2：美國國璽上的全視之眼。（By Ipankonin - Own work，CC BY-SA 3.0）

圖 12.3：一元美鈔上的全視之眼。

圖 12.4：早期共濟會的標誌：他們自稱是遠古奧秘的守護者，通曉天文地理及宇宙的奧秘 – 聽起來頗似《翡翠碑文》的讀者粉絲群　組。（By Juansanchez357 - Own work，CC BY-SA 3.0）

圖 12.5：現代共濟會的標誌。

圖 12.6：新疆出土的唐代伏羲（右）女媧（左）圖

[4] 萬有的源頭與萬有的終極是一體的。

萬有的終極（la fin de tout）是指，這個宇宙的循環演化，最後進入超級黑洞的終極狀態，很像道家所說的無極。萬有的源頭則是新宇宙初始的大爆炸，也很像道家所說的太極。一個循環的結束，就是另一個循環的開始。所以，太極與無極、陽與陰、有與無、色與空、光明與黑暗，乃至於善與惡，都是互動循環中一體的兩面。

[5] 能呼叫圖特前來相助的密語：

根據「希伯來文數碼計算學」**Ⓐ**，謝可德・阿睿理奇・福瑪立德思**Ⓑ** 這三個字聯貫的意思是：一個獲得了真理神髓的永遠朋友。

Ⓐ：關於希伯來文數碼計算學，請參考第十塊碑文（時間之鑰）中的註解。
Ⓑ：這三個字各別的意思是：
　　謝可德（Chequetet）：一個永遠的朋友（a friend till the end）
　　阿睿理奇（Arelich）：獲得、掙到（earned）
　　福瑪立德思（Vomalites）：真理的神髓（the Spirit of Truth）。

XIII

LES CLEFS DE LA VIE ET DE LA MORT

第十三塊碑文

生死之鑰

聽我說，哦，人哪，聽聽我的智慧。你要注意這些能使你充滿生命的話語。你要注意這些能摒除黑暗的話語，而且要注意這些能驅逐暗夜的途徑。

我給我的子女們，帶來了奧秘與偉大的智慧，一種來自最遠古的知識和能力。

難道你不曉得：當你達到與萬有合一的時候，一切都將打開❶？到時候，你將會與奧秘的主人、死亡的征服者、和生命的主人，全都合而為一。

你將會瞭解，生命在阿曼提的花朵中萌發，也在諸大廳中閃耀。你的神魄❷能抵達阿曼提諸大廳，並且帶回它光明的智慧。

要知道，通往偉大智慧和永生能量的途徑隱藏在絕密之中。這種秘密不是藏在視覺所能見的任何地方，而是藏在無形的心靈❸之中。

要知道，通往生命的途徑就是穿過死亡。❹

沒錯，你必須先通過死亡，但不是你以為你知道的那種死亡。死亡就是一團火、一束光。❺

你想知道深奧的秘密嗎？那就向你的內心探尋。秘密就藏在你裡面：生

---

❶：人的靈魂被綁在肉體內時，如同被籠罩在黑暗之中，所以無法知曉；一旦超離肉身，便與萬有融為一體，萬物自然就在你眼前打開。圖特說過：靈魂在時空旅行中是與萬有合一的。

❷：靈魂、神魄、意識、和肉身之間的關係，請參考第二塊碑文（阿曼提大廳）中的註解。

❸：心靈（l'esprit；mind），請參考第三塊碑文（智慧之鑰）中的註解。

❹：這句的意思是生來自死，也就是：無中生有、無極生太極、和0→1。

❺：這就是圖特所揭示的死亡真相。所以，死亡毫無值得恐懼之處。或許只有真正超越了生死的大師，才能對死亡做出如此簡明的定義！

命的源頭和死亡的源頭，都在那裡。聽我說吧，哦，人哪，我將向你揭露各種遠古的秘密。

地球深處的生命之花，就是與萬物都相連的人類神魄的源頭。在「地心」❻也有一個，和你身體裡的生命一樣，會跳動的心臟。如同你的心臟把血液幅射至全身各處，「地球的生命之花」❼也把生命幅射至全球各處。她把生命帶給了地球和所有的地球之子，並把他們的神魄，從一種形態「更新」❽到另一種形態。

把生命帶給你肉體的神魄，以及把你塑造成人類形態的神魄，就是來自於「地球的心臟」❾。

要知道，哦，人哪，你身體的形態是雙重的，而且在你全身各處，都存在著一種「兩極的平衡」❿。

要知道，當這個平衡遭到動搖，死亡就會迅速的抵達。當某一極強於另外一極的時候，就是失衡了。

一個完美平衡的身體，絕不會被死亡的手指頭碰到。甚至，連意外都只有在兩極失衡的情況下才會發生。只要你保持這種平衡，你便能長生，⓫而不用品嚐死亡的滋味。[1]

❻：此處所說的地心是指如同地球心臟般的阿曼提大廳。

❼：地球的生命之花就是阿曼提大廳裡的永恆光燄之花，也就是人類神魄的源頭；請參考第三塊碑文（智慧之鑰）中的註解。

❽：所謂神魄的更新，就是更新成為下一個循環的生命。

❾：此處所謂的地球的心臟，更明確的說就是，阿曼提生命大廳中的那個具有永恆光焰的神魄。譯註者案：此說挑戰著不少傳統宗教的思維，其顛覆性不容小覷！

❿：此處和本書他處所說的兩極，是指相反的兩種性質（polarité；polarity）；而兩極平衡是指：對應於地球南北兩極磁場的動態平衡。此說與道家所說「陰陽兩儀、平衡互動」的道理，極為相似。

⓫：中醫理論與圖特這個平衡兩極以長生的說法是一致的；請參考篇後註1。

要知道,你肉體生命的存在,是因為兩極之間平衡的存在。若其中一極,相對的消滅,則生命也會迅速的耗盡。冰冷的死亡就會向你走來,並給你失衡的生命帶來改變❶。

要知道,阿曼提中的生命之秘,就是如何恢復兩極平衡。

所有具像之物以及其生命的存在,都是因為生命的神魄存在於其兩極之內。ⓜ[2]

你不明白嗎,地球上所有東西的平衡點都在地心。你神魄的源頭也是來自地心。透過你的身體,你與地球是一體的。當你學會維持自身的平衡之後,便能借助地球的平衡而長壽了。

你的存在與地球的存在是緊密相連的。當地球的形態改變,你的形態也將改變。你若能維持與這個星球的一體性,則無須品嘗死亡,並保持你的形體,直到地球不復存在。

聽聽這個密秘吧,哦,人哪,所以你也可以不再經歷這些生死的變化。

每天花一個小時,頭朝北躺著,並把你的意識集中於:從胸腔到頭頂的整個區域。

❶:這個改變,就是前文所說的更新你的神魄,也就是說,這個軀體已不能用了,你的神魄必須被更新成另外的一種形態,或者說是要到另外的某個時空去往生。

ⓜ:神魄是太乙(宇宙意識)造物的一種能量。任何生命和物質的形成與維繫,都需要此能量在其中推動平衡的兩極互動。物理學中的相關理論,請參考篇後註2。

每天再花一個小時，頭朝南的躺著，並把你的意識集中於：從胸腔到兩腳的整個區域。**ⓝ** [3]

每七次要做一次平衡的維繫，[4][5] 就可以保持你所有的力量與神彩。即使你年事已高，你的身體仍會新生，你的力量仍能如青年一般。**ⓞ**

這就是那些已遠離死亡染指的大師們所知道的秘密。**ⓟ** [6]

不要偏離我指給你的路徑，因為當你要跨過百歲關口時，稍有疏忽便會喪命。聽從我的話語，跟隨我的聲音。她能讓你保持平衡的生活著。

現在來聽聽，我要給你的，關於死亡的智慧吧。

當你完成了在世上的工作之後，你會想去生活的地方，是那些早晨的太陽與光明之子們所居住的時空。如此，沒有痛苦，沒有遺憾的，離開你曾經找到永恆光明的地球。**ⓠ**

首先，頭朝東躺下。把「雙臂交疊」**ⓡ** [7] 於「生命源頭」**ⓢ** [8] 之上。把意識聚焦於左（南）側，並想像從左側產生出一股連結到你右（北）側的旋風，並且分開了你身體的上下（頭和腳）兩端。

ⓝ：頭朝南的躺的這整段文字，在杜瑞歐的英譯本裡，被漏掉了。此疏漏的嚴重性和其他相關的討論，請參考篇後註3。

ⓞ：兩極平衡長春術的調節原理，符合《道德經》所說"損有餘、補不足"的天道。每七次要做一次的調節週期，符合《易經》和古蘇美文明的曆法。詳情討論請參考篇後註4和5。

ⓟ：圖特在本碑文所說，無須品嘗死亡以及遠離死亡染指的長生、長存、和永生概念，不同於基督教和道家；請參考篇後註6。

ⓠ：所以，以下所教的，或可稱為：得道者無痛無憾的自主往生天界之術。

ⓡ：雙臂交疊時應該是右臂在上。如此推論的原因，請參考篇後註7。

ⓢ：人體的生命源頭處就是骶骨輪，也稱腹輪。詳情請參考篇後註8。

接著，順著這個氣旋，把你的意識往北邊投射，然後再往南邊投射。放鬆並把意識保持在「氣旋」**t** [9] 的中樞。

如此，氣旋的中樞會逐漸形成一股銀色的紐帶（你的靈魂就是這條銀色的紐帶），祂會朝著曙光投射過去，接著就會融入光明，並與萬有的源頭合而為一。

你可以保持這個永恆的光焰，直到你想要再度，以某種被提供的型態或形像，在某個時空應化成新的生命。

要知道，哦，人哪，那些偉大的靈魂，就是這樣，依照著他們自己的意願，經過一個生命，並自我轉換成另一個生命。那些「阿凡達」**u** 也是如此的，成就了他們的所欲之死，和所欲之生。

但是，另外還有一把鑰匙 **v**，它能對意識做出某種處理，因此，記憶可以從一個輪迴，傳輸到下一個輪迴。

從我的智慧中覺醒吧，哦，人哪。你在這裡學到的秘密，能讓你成為時間的主人。學學，你尊稱為主人的那些大師們，是如何能記得他們的前世，或前好幾世。這是個很了不起的秘密，但要精通它也不難。現在，就來看看這個，能讓你掌控跨世代時間的秘密。

t：對此氣旋觀想的旋轉方向，若從上往下看，應該是逆鐘旋轉。如此推論的原因，請參考篇後註9。
u：阿凡達（Avatar）就是依自主意願所應化的生靈。
v：這把鑰匙很像是中國民間信仰中所說，人死後在過奈何橋時，必須要喝的孟婆湯的免喝許可證。所以，下述的方法或可稱為孟婆湯免喝術。

當死亡的時刻迅速的向你撲來，不用害怕或恐懼，因為你知道：你是死亡的主人。全身放鬆，不用抗拒。

把你靈魂的光焰聚焦於心中，並將其帶到你雙臂所搭的三角形的座位上。先在那裡待一會兒，之後再移往目標。這個目標就坐落在你的雙眉之間的後方，此乃統領人生記憶之處。把你的意識穩穩地放在腦中的這個座位上，直到死亡的指頭過來攫取你的靈魂。你若在此情況下穿越這個過度階段，那你過去的記憶就會跟著你的靈魂，而不會丟失。此刻，你的過去和你的現在，將合而為一；前世的記憶，也就保存了下來。如此一來，你就避免了倒退。你過往所累積的智慧，就能繼續存在於新的生命之中。ⓦ [10]

人哪，你已聽到了我智慧的聲音。跟著我的路走，你就能和我一樣的世代長存。

ⓦ：孟婆湯免喝術乃圖特所傳的重要祕術之一（從未見於任何其他的思想體系或身心靈宗派）。而在圖特的陳述中，有幾個重要的細節，因註解較佔篇幅，故請參考篇後註10。

第十三塊碑文篇後註以及各家論述的比較

[1] 平衡兩極以長生：

圖特這個平衡兩極以長生的說法，竟與肇基於《易經》的華夏中醫調解陰陽以長生的說法不謀而合。

《黃帝內經‧靈樞‧本神》說：「故智者之養生也，必順四時而適寒暑，和喜怒而安居處，節陰陽而調剛柔。如是則辟邪不至，長生久視。」

[2] 兩極失衡則毀壞：

圖特在此明言：不只是生命體，而且包括所有具形的物質，都是因為生命神魄存在於其兩極之內故而存在。基礎物理學說：原子是能保持自身化學性質的最小物質單位。一個原子裡面的原子核與圍繞著它的電子，所帶的電荷（electric charge）一定是相反的，以保持平衡。此平衡一旦遭到破壞，該原子便無法維繫。依照上下如如的理論，人的生命也是一樣：當兩極嚴重失衡時，離一命嗚呼就不遠了。

[3] 師法古訓的風險：

英譯版的讀者若真的照本操練，每天都缺少了朝南的平衡，身體說不定反而會出問題。古人說，盡信書，不如無書，就連圖特的《翡翠碑文》也不能例外。最終當然只能由讀者自己判斷。本譯註的宗旨是提供對各個主題更多的相關見解，以資參照比較。至於各種實務的操作法，例如，長生術、神遊術，以及各種咒語，等等，譯註者只能說：若某位古人，對宇宙人生的真理和大自然的知識，能有如此全面性的深刻見解，那麼他所教的各種實作方法，或許也有可參考之處。

雖然譯註者非常認同《翡翠碑文》所說的道理，但也不能斷言所採用的法文底本，毫無疏漏或錯誤。就連成書於近兩千年前的所謂當今通行本的《道德經》（三國魏・王弼版），都被新出土的材料證實了其中的某些錯誤，❹ 何況是一份相傳最晚來自一萬多年前的《翡翠碑文》。

[4] 兩極平衡（Maintiens cet équilibre）的長生術：

每七次做一次（une fois par sept）就是每七天做一次。此意不是每七天之後的第八天，而是每七天中的第七天。東、西方古文明裡時間週期的單位都是六，而第七則是新階段的開始。關於時間週期的組成單位，請參考本篇後註 5 的討論。

❹：通行本《道德經》中錯誤的例證：近兩千年來，讀者一直被《道德經》第19章的「絕『聖』棄智，民利百倍」這句話所困擾。因為，總共81章的《道德經》，在引用古人言行來做教化時，共有30次提到聖人，怎麼可能又說要絕聖呢？
學者們直到1993年湖北荊門郭店楚墓出土了《竹簡老子甲》才知道，符合《道德經》整體教義邏輯的正確原文應該是：「絕『智』棄辯，民利百倍。」（此智非智慧的智，而是智巧詭詐的智。）

圖特並未細述該如何調節。故譯註者根據碑文的整體邏輯，佐以對一些身心靈法門的淺見，試推論如下：

· 陰陽兩極調節之法，不是在第七天去補充前六天裡，朝南躺或朝北躺所差的時間，也不是運用觀想去損有餘或補不足，因為那是生命神魄的工作，非人力所能成就。

· 在每個第七天所該做的是：遵從止、靜、空、無的最高要領來靜坐，一方面讓自己的身心靈得以淨化，同時讓天道（地心的生命神魄）自動的介入予以調節。

· 圖特所說的每個第七天，不是指現代星期日曆裡的某一天，而是陰曆裡月相的每個至日，也就是每個新月、上弦月、滿月、和下弦月的次日。如此推理的原因，請參考本篇後註 5 的討論。

[5] 東、西方傳統對時間週期組成單位的不同說法與討論：

（1）東方的傳統：

A. 基於《易經》的各種說法：

a. 復卦（第 24 卦地雷復）中所謂七日來復的意思，與現行七日一週的曆制並不相同。復卦的涵義不僅更接近古巴比倫曆法中配合天地運作的用意，也更符合圖特所教導維繫平衡的用意。現分述如下：

· 復卦的《彖辭》所說：「反復其道，七日來復，天行也」的意思並非：天道以七日為一個週期，來回反復的運行。正確的理解是：陰或陽，每經過六個步驟或單位的消或長，而達到極至之後，接下來的是新階段的第一個單位，也就是另一種能量就會復出。這種來回反復，就是天地運行的道理！所以，《易經》日的週期單位是六，而不是七。

· 復卦的《（大）象傳》所說：「雷在地中，復；先王以至日閉關，商旅不行，後不省方」的意思，竟然與古巴比倫曆法所規定的息作日異曲同工。至日就是陰陽消長週期達成之後，新週期的首日。在這種日子裡，先王關閉城門、商人休市（農人休耕、工人休工，等等）。後來的君主，在這一天，連邊防都不去視察。

· 復卦的第一爻，初九的《（小）象傳》所說：「不遠之復，以修身也」的意思，和圖特所教導的維繫平衡也是異曲同工。此爻之象的意思是：一陽初復之時，勿遠圖，應修身。

· 以時間而言，復卦：在年是代表冬至（一般在陽曆 12 月 22 日到 24 日之間），在日是代表子時（半夜 11 點到 1 點之間）。《黃帝內經·靈樞經》的道家養生學認為：此時人體能量在經脈間的流注，正好行至三焦與肝之間的膽經。膽經主神志，是人的神魄與意志力的源頭，故應頤養身心，而不宜施展鴻圖遠志，所以也不宜行房。

b.《京氏易傳》所說十二辟卦的陰陽消長過程，同樣說明了每個時間的週期是由六個階段所組成。現摘述如下：從夏至一陰復生的姤卦，到立冬六爻皆陰的坤卦，共有六個重卦，也就是陰長陽消這個週期的六個發展階段。接下來，冬至一陽復始的復卦，可說是第七個階段，而復卦同時也是陽長陰消這個新週期的第一個階段。同樣的，這個新週期從冬至的復卦到立夏的乾卦，也是共有六個重卦，代表六個發展階段。所以，陰陽消長的週期，也是各有六個階段。

c.《易經》的六十四個重卦中，每一個重卦的組成單位也是六個爻；下一個爻（也可看作是第七個）便是新重卦的第一個爻。

B. 華人民俗信仰中，死者亡魂會回來看一看的所謂「頭七」，就是第二個階段去而復來的第一天（7 = 6+1）。所謂「尾七」的第四十九天，就是亡魂行將步上死而復生之路（隨業報而轉生）的第一天，也就是八個六日週期之後，新週期開始的第一天。所以，尾七不是七七四十九（49 = 7*7），而是六八四十八加一（49 = 6*8+1）。

根據《西藏渡亡經》（*Bardo Thodol*），也就是漢傳佛教的《中陰聞道解脫經》的另一個版本所說，法性中陰身最久也會在第四十九天轉世投胎；一般則不用那麼多天。但照圖特的說法，亡魂在離開中陰階段之後，並非直接的轉世投胎，而是要先到阿曼提的各該歸屬的大廳中，去經歷下一個程序。

C. 中國古代干支記年的一個循環稱為一甲子，是六十年；而蘇美人的計數正好是六十進制。中國傳統的一天，是白天的六個時辰加晚上的六個時辰。西方的一天是四個六小時，而每個小時正好又是六十分鐘。這種東、西方傳統的一致性，應非巧合，而是傳自古代的高度文明！

（2）西方的傳統：

A. 西方有幸運七號（lucky seven）的說法。試想，若一個週期是七天，那第七只能是代表：尾、末、亡。若一個週期是六天，那第七就是新週期的第一天，它便代表：從頭、復始、新生，因此也才可能代表幸運。

B. 古代兩河文明的蘇美人（Sumerians）把月球型態的變化，分為四個階段（也稱月之四相，就是從新月到上弦月，到滿月，到下弦月，再到新月），每個階段約六到八天。到了繼承蘇美文明的古巴比倫時代，則明確的在曆法中規定，每個階段達成後的次日為息作日。據傳，這是之後猶太教與基督教安息日（Sabbath）的由來。

值得注意的是：古巴比倫時代所重視的是，人的作息必須符合月球型態變化的階段，所以他們的息作日是據實際的月相而定。較多的時候是休第七天，有時候是休第八天，偶爾是休第九天。（古巴比倫時代，每週的日數不是固定的。）基督教根據《舊約聖經》中六日創世說所形成的每六日一週，休第七日，也就是下週的第一日的觀念，與圖特所說的每

七天一次相符。但後來為了便於百姓的遵循，變成了固定的每七日一週，休第一日。**B**

因為月球平均每年以 3、4 公分的距離，在逐漸遠離地球。在本書出現的古代，月球距地較近，每個月相的天數多半是六天；而現今月球距地球較遠，每個月相的天數平均已接近 7.5 天。若古代每個月相平均為六天故休第七天，那再過若干年，每個月相平均將會是八天，因此便應該休第九天了。所以，傳自遠古的《翡翠碑文》中所說，每個第七天要做的兩極平衡，也應該依據天地運作的演進實況而調整為：每個第八天；以後更得調整為第九天。也因此，確切應該從事兩極平衡的日子，不是每個「第幾」天，而是每月四個月相達成的次日。下列網站標註了每月四個月相的確切日期，或可做為參考。（fate.windada.com/cgi-bin/calendar）

[6] 圖特所說的永生，與基督教和道家所說的差別：

基督教所謂的永生是指：人死後靈魂入天國而得永生。《道德經》所謂「沒身不殆」**C**的永生，雖未明言不殆的靈魂的去處，但所說的也是肉身毀壞之後的事情。而圖特所說的永生，則不僅包括：人的靈魂有辦法在肉身死後，進入與基督教天堂類似概念的阿汝盧界（Arulu Sphere）的永生（此界在第 14 塊碑文中另有詳述），而且還包括了：肉身長生、來去自如的永生。這個層面的永生概念，除了道教**D**之外，未見於當代

B：從君士坦丁大帝開始的羅馬曆規定，七天為一週，並且休第一天。此法沿用至今。以致於，古人所重視要順天作息的用意反而被模糊掉了。

C：《道德經》第16章：「致虛極，守靜篤。萬物並作，吾以觀其復。夫物芸芸，各歸其根，歸根曰靜，靜曰復命，復命曰常，知常曰明。不知常，妄作凶。知常容、容乃公、公乃王、王乃天、天乃道、道乃久、沒身不殆。」

D：道教有所謂「白日飛昇、肉身成仙」的說法，或許與圖特此處所說的有類似之處。

任何其他主流身心靈宗派，實乃圖特書中頗為特立之處！

[7] 得道者，無痛無憾自主往生術中，雙臂交疊的正確姿勢：

根據埃及古老圖像，雙臂交疊（Replie tes bras；Fold your arms）應該是相互交叉，而不是雙手在胸前的水平互抱。但是，雙臂交疊時，應那一臂在上呢？若從木乃伊的照片（圖 13.1）來看，有的是左臂在上，有的是右臂在上，無所適從。若依法老的棺蓋和巨型的塑像（圖 13.2）來看，則是一致的右臂在上。因為木乃伊可能經過後人的擺放，所以結論是：右臂在上比較可信。

[8] 人體中生命源頭的確切位置：

第三塊碑文（智慧之鑰）中說：「四（這位領主）把自己從三的力量裡釋放出來。祂是人類之子的生命領主……祂是人類之子靈魂的救贖者。」所以，人體中生命源頭（la Source de ta vie）的位置，不是五所對應的太陽輪（plexux solaire；solar plexus），而是四這位領主所對應的骶骨輪（腹輪），也就是道教修真所謂的下丹田。值得一提的是：這些脈輪不是在身體的正面，以坐姿而言，祂們是包括背脊在內的各個橫向的環狀區域。

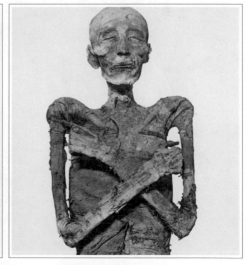

圖 13.1：古埃及皇室木乃伊，左圖是左臂在上，右圖是右臂在上。

[9] 得道者無痛無憾自主往生天界之法中，所觀想氣旋的旋轉方向：

這個氣旋啟於左邊，與道教和中醫「左氣右血」的說法，似乎相符。圖特並未明示，應該把這個氣旋觀想成怎樣旋轉的氣旋。因為我們知道，此處所教的是自主往生，所以並不是要把神魄的能量往下或往內凝聚出物質，而是要往外和往上超離出肉身。因此，應該與第十塊碑文（時間之鑰）中所教的神遊術，亦即超脫時空限制的氣旋觀想法一樣，也就是：從氣旋的上方往下看是逆鐘旋轉，若從從躺平的身體往上看，那麼這個氣旋則是順鐘旋轉。

[10] 孟婆湯免喝術的重要細節：

（1）雙臂所搭的「三角形」座位：此座的位置在骶骨輪（腹輪）的前方；如此推斷的原因如下：

圖 13.2：古埃及法老棺蓋（左圖）和聖殿塑像（右圖）。

- 本書只有在談「得道者無痛無憾自主往生術」時，提到過「雙臂交叉」，而且其交叉的位置是平躺時人體「生命源頭」的上方。若篇後註 8 中的推論正確，則「孟婆湯免喝術」所說的三角形座位，最可能的位置同樣是在骶骨輪的上方。

- 既然「孟婆湯免喝術」的目的是要讓靈魂留住今生的記憶，那麼，在即將往生時，先把靈魂拉出體外，再送回統領人生記憶的眉輪去等待死神召喚 -- 這個作法要比不先拉出體外，而直接送去眉輪，還要有道理。

- 用雙臂在此搭出一個三角形的作用，與人打坐時用身體所形成的金字塔一樣，都是用來聚集和引導能量。

（2）雙眉之間，就是印堂穴的位置，也就是所謂的天眼或第三隻眼的位置。關於此眼與古埃及、兩河文明、基督教、以及秘密社團之間的關聯，請參考第十二塊碑文（因果關係與預言之鑰）篇後註 1。

（3）「腦中的座位」（le siège du cerveau）這幾個字，明白的指出了：「天眼」或「第三隻眼」不在人臉面的雙眉之間，而在三維的「腦的中心點」。這個部位，秘傳瑜珈稱之為「眉輪」，道家修真稱之為「上丹田」或「泥丸」，也就是坐落於人腦中間，約和葡萄乾一般大小的松果體（pineal gland）。（圖 13.3、圖 13.4）

圖 13.3：古代蘇美文明中的鳥頭神阿普卡魯（Apkallu，左圖）與來自天上的阿努
　　　　納奇（Anunnaki，右圖）神族人右手所持的，都是象徵開啟智慧的松果
　　　　體。（By Osama Shukir Muhammed Amin FRCP）

圖 13.4：梵蒂岡博物館
　　　　前面巨大的
　　　　松果體石雕。
　　　　（By Wknight94
　　　　- Own work,
　　　　C C B Y - S A
　　　　3.0）

XIV

LES ATTRIBUTS DE DIEU

第十四塊碑文

神的屬性

聽我說吧，哦，人哪！有一個偉大的智慧，從守護者出現的時代起，就
逐漸被人類遺忘。現在我們就去探究這個智慧的核心。首先，最重要的
就是：這個地球是不同次元與維度之間的一道門戶，由人類未知的各種
力量在看管。黑暗領主正在把守著通往天界的入口。

黑暗領主在通往阿汝盧界的路上，設置了一些防護性的障礙，只有來自
光明的人方能通過。在這個世上，我就是打開通往這些神聖之地大門鑰
匙的保管人。

我收到來自上層大能的指示，要我把這些鑰匙留給後來的追尋者。

在走之前，我想把這些秘密都給你們，讓你們解開「黑暗的束縛和肉體
的枷鎖」**ⓐ**，讓你們從黑暗進入光明。

要知道，任何靈魂都必須先滌淨其晦澀昏暗，才能進入光明的大門。

所以，我把這些奧秘放在這裡，為的是讓即便已沉入黑暗的人，也總能
有值得信賴的光明作為指引。雖隱藏於黑暗之中，並且被遮蓋在各種符
號之下，這些指向光明大門的奧秘，總是有可能被發現的。

未來的人類會否定這些奧秘，但真正的追尋者最終仍能覓得大道。

ⓐ：黑暗的束縛，就是肉身對靈魂的綑綁。從黑暗進入光明，就是透過修行來清除心
　　靈中，阻礙提升精神境界的我私、我欲、我執、我念，使靈魂變的無比的潔淨，
　　因此才能融入大光明。

現在，我要求你們嚴守我的秘密，而且只能傳播給通過你考驗的人。這麼做是為了：正道永不毀敗，以及真理❶的力量永遠能夠勝出。

仔細聽啊，我現在要向你揭示這個奧秘了。要注意我給你的各種奧秘的象徵符號。去成立一個「信仰體系」❸[1]吧，因為唯有如此，這些奧秘的本質才能留存。

人死後的靈魂，其實是徘徊於此刻的生命與神聖的生命這兩界之間。而這兩界就是：幻覺力量的「度阿特」界以及眾神的國度。[2][3]

歐西里斯是天界大門守護者的象徵。拒絕不值得的人類靈魂進入天界的就是祂。

阿汝盧界在我們人世的層次之上，是上天所生之子❹ 的領域，是偉大光明靈體的界域。當我完成在人類中的工作之後，就會與他們在我祖先的宅中相聚。

在強大的國度裡有「七棟房屋」，每一棟房屋的大門都由「三」在把守。有「十五種途徑」[4]可以通到度阿特。

這七棟由「幻覺領主」❺統管的房屋，每棟都標示著數字「十二」[5]。每棟都長的不一樣，而且各自都朝著東西南北其中的某一個方向。

❶：雖然，第十二塊碑文（因果如如）説：光明與黑暗都符合真理，但本段所説 必須勝出的真理，是符合光明正道的真理。如此註解的原因，請參考第十五塊碑文（密中之秘）篇後註16的討論。

❸：圖特建議弟子們去創立的這個信仰體系，並不是一個拜神的宗教，而且其影響至今仍在。請參考篇後註1裡較深入的討論。

❹：上天所生之子就是道法的光明所生的光明之子或天使。

❺：統領著高於人世的七個循環層次的七位領主，被稱為幻覺領主。所以，這七棟房屋都是幻覺的界域。

這些強大的幻覺領主借著「四十二」[6]這個數字，來判定死者的靈魂能否進入某棟房屋。

荷魯斯子女的數字是「四」。東、西兩方各有兩名守衛。身為母親的伊西絲正在為孫兒們說情；她是反射太陽光芒的月亮女王。[7]

「巴」是永存的本質；「卡」是影子，也就是附於肉身的生命。卡若尚未轉世，巴就不會來。[8]

這些是必須永世保存的奧秘，這些是生死的鑰匙。

現在，聽聽密中之秘吧。去找出：「即無始、又無終」的循環，這種循環就是太乙和萬有的型態。[9]

仔細的聆聽，深刻的理解，並加以應用，你就會與我同行。

我將向你揭示的是所有奧秘的奧秘，但對光明之子而言，是顯而易見的。

我將要宣佈的是：經過了引導和開悟的人才知道的，也是外界俗人將永遠不會明白的。「三這個奧秘來自太乙」❶。聆聽，光明就會在你身上出現。來自那些遠古的源頭，有三個萬物皆不可或缺的元素。

❶：《易繫辭傳》上篇：「太極生兩儀」。太極加兩儀就是三。
《道德經》42章：「道生一，一生二，二生三，三生萬物」。

這三個元素都具有平衡的特性，這三個元素相互的平衡就是創造的源頭。這三個元素就是：真理、神[10]、和某種的自由。他們共同代表著：所有力量的平衡、所有生命的平衡、以及所有寬容的平衡。

在光明殿堂中的神，有三個屬性：無限的智慧、無窮的能力、和無盡的愛。[11]

大師們❻被賦予的三種能力是：辨善惡、轉化惡、促進善。

神曉得有三件非作不可的事，就是要展現：智慧、能力、和愛。

這三件事都與創造一切的三種能力相關聯，但其中：神聖的愛掌握著完美的知識，神聖的智慧通曉一切的方法，而神聖的力量，卻是由神聖的愛與智慧所共同掌握。❼

存在的一切都包涵了三個循環系統：（1）混亂的循環：自然界中的一切，毀亡後都在此間浮現；（2）意識的循環：此循環中的一切都來自生命；（3）光明的循環：是神之所在，只有神能自由的穿越。❽

所有的生物都有三個存在的階段：（1）混亂或死亡、（2）自由意識、（3）天界的至福。❾

❻：此處所說的大師們是指：眾領主和眾光明之子。
❼：缺乏智慧的愛，難以發揮神聖的力量。缺乏愛的智慧，要嘛沒有力量、要嘛是害人的力量。神聖的力量來自於：神聖的愛加上智慧！
❽：圖特先前說過，宇宙萬有皆意念和神魄所造。此段論述間接的說明：萬物（包括生物、植物、和礦物）皆有生命和意識；此說類似所謂的萬物有靈論。
❾：這三個存在的階段就是：（1）陰間（肉體毀敗和死亡後的混亂階段）；（2）人世（能施展個人意志和抉擇的人生舞臺）；（3）天界（至福的天界）。若第二階段的演出不夠理想，而進不了第三階段，則回到第一階段再重來。

這三個階段都受控於三個條件：（1）混亂的循環、（2）深淵中的發端、（3）天界的實現。 **ⓚ**

靈魂有三條路可走：（1）人、（2）解脫、（3）光明。 **ⓛ**

人類靈魂的出路有三個障礙：（1）缺乏追求知識的意願、（2）「對神的疏離」 **ⓜ**、（3）對邪惡的依附。

這三個障礙就顯現在人類的身上。這三個體內的阻礙力量，各有一位君主在掌管。現在，這裡有一位已超脫了肉身，並不再受生命役使的「人」 **ⓝ**。聽聽這一位所說的吧：這三個障礙，就是人體中，即為人所知，卻並不真正被瞭解的「三個神祕廳房」 **ⓞ**。

要知道，所有「話語」 **ⓟ**的源頭都必須要打開。沒錯，即便是阿汝盧天界的那些大門，也不能一直關著。但是，想進入天界的人要注意了：若未具備「所需的德行」[12]，那麼「降入火中」 **ⓠ**對你會比較好。

要知道，這些「天神」 **ⓡ**也都需要穿越純潔的光焰。每次，每一個新循環開始的時候，這些天神也都要在光明之泉中沐浴滌淨。

哦，人哪，聽聽這個奧秘吧。在比人類誕生更久遠的年代，我就已經在亞特蘭提斯居住了。就是在那裡的大寺廟中，我飲下了守護者給我的，

ⓚ：（1）在人間演出未達標者，死後的亡靈就去陰間繼續成長或洗滌。（2）在陰間成長或洗滌，達到一定光明程度的靈魂就去重新投胎，以期更佳的演出。（3）在人間演出達標者，可直接升入至福的天界。

ⓛ：得道後的人類靈魂有三條路可走：（1）人：繼續或再度為人；（2）解脫：脫離形體的拘束，並保有靈魂的光焰；（3）光明：融入光明。

ⓜ：所謂對神的疏離就是偏離了太乙的光明大道，而不是指：神拜少了、經念少了、或是奉獻少了。

ⓝ：此人就是指圖特他自己。

ⓞ：類靈魂出路的三個障礙，就是人體中的三個神祕廳房。也就是瑜珈靜坐所說七個脈輪中的：骶骨輪、心輪、和眉間輪，以及道家修真所說的：下、中、上的三個丹田。

如光明之泉般的智慧。

我獲得了那些鑰匙之後，便升入了一個偉大界域的光明之中。我把自己呈現在萬聖之聖的前面。祂坐在如花般的火中，但其光芒卻有縷縷的黑暗遮蓋著，為的是避免我的靈魂被祂壯麗的榮光所震懾。

在祂鑽石寶座的腳下，流淌著「四條」**⑤**在雲霧中通往人類世界的光焰之河。

寶座所在的大廳中，充滿著天界的神魄。這個眾星的宮殿實在奇妙。這些神魄在天空中形成了一個像是由火焰與太陽建成的彩虹，並整齊劃一的頌讚神聖太乙的榮耀。

從這火焰當中，傳來一個上天的聲音，說到：「去仔細思考第一因的榮耀」。

我所見之光，立於所有的黑暗之上，也反映著我自己的存在。我來到了眾神之神的前面，來到太陽的神魄前面，來到統治各界眾星的君主前面。我又再次聽到了這個聲音：

「這就是無始無終的太乙**❶**，它光芒普照、創造萬物、統領萬物、支持萬物；它是善，它是公義。」[13]

❶：所謂話語就是創造宇宙的道法。

❶：此處所說的降入火中，並不是一般人觀念中所謂的，下地獄去受火刑之苦，而是指去到陰間裡的淨化區去接受如火焰般光明的洗滌。請參考第十一塊碑文（上下關係之鑰）中有關陰間和地獄的註解。

❶：這些天神（les Célestes；the Celestials）包括各循環層次的領主、守護者、和其他光明之子。

⑤：數字4在西方數字學中所代表的是：結構、秩序、規範、與限制。人類世界的這四種法則的力量，就是來自這個偉大光明的天界。

❶：關於太乙和眾神之神的描述和理解，請參考篇後註13。

就在此時，一股來自祂寶座的強烈光芒環繞著我，並帶著我的靈魂往上升。

此刻，我的靈魂迅速的飛越了重重的天界，發現了諸多秘密中的秘密，見到了宇宙的心臟，而且最終被傳送回阿汝盧界，並來到了眾領主天家的前面。祂們打開了諸廳的大門，讓我能對先天的混亂有所思考。面對這種駭人景象，我的靈魂直打寒顫，並從這黑暗的海洋中撤離。

我瞭解了，為何阿汝盧界的領主們，要在「這兩個世界」[ⓤ]之間設置障礙。只有具備無限平衡力量的祂們，才能阻擋混亂；只有祂們才能保存住神的創造。

直到此刻，我才來到「第八循環」[ⓥ]的前面，見到了已征服了黑暗的那些靈魂，以及祂們所居之處的輝煌光明。

我想過要在這層循環中待下來，但也想在我原來的道路上繼續前進，並選取我最適任的工作。於是我跨過了阿儒盧界的諸廳，回到了我正在地球上休息的身體。我起身站在守護者的前面，立誓放棄我所有的權利，直到我完成在地球上的工作，也就是直到黑暗時代終結的那一天[ⓦ][14]。哦，人哪，聽我說把！我將要向你們吐露的，包括了生命的本質。

在回到阿曼提諸廳之前，我必須傳授此密中之秘，好讓你們也能在光明

ⓤ：這兩個世界指的是：（1）先天混沌與混亂的黑暗，和（2）宇宙創造之後秩序與規律的光明。

ⓥ：第八個循環（le cercle du huit）就是天界、阿儒盧界、天國、或天堂，也就是層次在人類之上的九個循環中的第八個。

ⓦ：此說與佛教地藏王菩薩（Kshitigarbha）所許下地獄不空，誓不成佛的宏願極為相似。被傳統基督教列為偽經的《以諾三書》（3 Enoch），也記述了以諾得到天使的幫助，而漫遊天庭，並看到神的寶座和眾天使。

中升起。

你們要保護好我說的話，也要藏好各種象徵符號，以免你們有人因外界俗人的取笑而放棄。

你們要到各個國家去展現各種奧秘，以供夠格的追尋者能透過努力而獲得，但也要把勇氣不足的人或投機者屏除在外。

因此，你們要隱藏並保護好這些祕密，直到「時機的出現」 **ⓧ** 。不過，儘可放心，在整個黑暗時代中，我的神魄會一直等著，而且會從一個隱形的國度裡一直的觀察著。

當你通過了所有的考驗，你就可以用我將給你的鑰匙來呼喚我。屆時，我這個引導者，會從阿曼提深處的眾神國度裡，回應你這位被引導者，並且把「能量的話語」 **ⓨ** 「傳輸」 **ⓩ** 給你。

我警告你們，不要把我介紹給，缺乏智慧、心靈不潔、或意志薄弱的人。[15] 否則，我會從我休眠之處，收回我教你的深奧能力。

你要去征服黑暗的元素，去激發並提升你裡面光明的精華。

你也要去召喚你的兄弟們來一起學習，所以在我走後，我智慧的光明也

ⓧ：時機的出現就是指：夠資格的追尋者的出現。
ⓨ：能量的話語應該是圖特為弟子所作的祝禱和引導。
ⓩ：這裡所說的傳輸或許類似早期所稱的心電感應，現代超心理學（parapsychology）稱之為心靈傳輸（Telepathy）。

能照亮他們的路。

到寺廟下面的房間裡面來。要先確定你已齋戒了三日。我會給你我智慧的精華，而你的能量將在人類中閃耀。[16]

我將給你的這些秘密，能讓你現身於諸天界，能讓你從本質上成為一個真正的神人。來吧！

第十四塊碑文篇後註以及各家論述的比較

[1] 關於創立一個信仰體系：

（1）這個信仰體系是不是一個宗教？

圖特建議弟子們去創立一個信仰體系的原文是宗教（une religion）。譯註者將其譯為信仰體系的原因是：圖特所說的宗教，與今日世界所認知的拜神的宗教，是兩種非常不同的概念。正如，佛祖所傳授的不是宗教，而是一種人生教育，圖特所教導的就是人生教育。

今日世界所認知的宗教的核心涵意是：超自然的神決定人的未來。圖特的教導是：神是自然界的一部份；人的未來是由人每分每刻的抉擇所累積出來的。

（2）這個信仰體系為何具有隱密性？

圖特的弟子們所創的，雖然不是一個宗教，但因否定了神對人的主宰性，而受到後來中世紀天主教的迫害，故逐漸的隱密化。圖特所傳授的信仰體系在西方源遠流長，後來一般被稱為赫耳默斯主義（Hermeticism），

而他所傳的《翡翠碑文》在歐洲也長期被稱為《秘經》。西方早期的魔法師（Magician）、鍊金術（Alchemy）、占星術（Astrology）、塔羅牌算命（Tarot），以及後來的神智學（Theosophy 或稱天啟論），都有些神秘性，也都直接或間接的衍生自圖特的體系。

圖特嚴格要求弟子，不可將機密的智慧傳給野蠻人（心性不及格者），而只能傳給通過考驗的人。所謂通過考驗，也就是不可傳給下列三種人：缺乏智慧、心靈不潔、或意志薄弱。為了避免：缺乏智慧或意志薄弱的弟子，學不成反而誤解教義，而造成更多的誤導；心靈不潔的弟子，一旦掌握了某些神通，極易步入歧途，而害己害人。所以，圖特所授最核心的機密，不可公開傳播。

（3）關於社會中層出不窮的新宗派：

人類大哉問的題目並不太多，例如：真偽、福禍、生死、意義、原因、和出路等等。能夠自圓其說的解答這些問題的人，很容易會被敬為人生導師，而開班收徒；若還能提供一套修行法門，則會被尊為靈修法師，而自立門派；若還能展現一些神通，則會被奉為神人，而開立新的宗派。就算缺乏獨立的理論，也可能借著現存的某個宗教或身心靈修煉的體系，衍生出新的門派。然而，眾多信徒崇拜的力量是很強大的；尊崇和榮耀不僅很容易讓師父們自我迷失，造成自誤誤人的惡果，甚至能讓神明腐敗。例如：

· 《新約聖經・雅各書》3：1 說：「我的弟兄們，不要多人作師傅，因為曉得我們要受更重的審判。」（ "Not many of you should become teachers, my brothers, because you know that we who teach will be judged more severely than others." - James 3：1 ISV）

· 《新約聖經・雅各書》4：17 說：「人若知道行善，卻不去行，這就是他的罪了。」（ "Therefore to him that knoweth to do good, and doeth it not, to him it is sin." - Epistle of James 4:17 KJV）如果，知善而不為，就已經是罪了，那麼身為師父的，私欲薰天而妄為，又當何論？ 那些信眾又能有怎樣的出路？

· 在《舊約聖經・以西結書》28：17 中，耶和華把天使長撒旦逐出神山時，曾嚴厲地批評說：「你的榮光腐壞了你的智慧。」（ "[T]hou hast corrupted thy wisdom by reason of thy brightness." - Ezekiel 28：17 KJV）

（4）追尋光明者，該如何慎選師父？

圖特雖然叫弟子去創立一個信仰體系，以便保存奧秘的本質，但他建議的對像是已經掌握奧秘本質而且沒有私欲的夠格弟子。法師與罪犯、神仙與惡魔，常常只在一念之差。所以，虔誠的信徒，不能只聽所謂師父所說的天衣無縫的大道理，也不能只看師父所秀的神通，還必須觀察其言行是否一致，是否光明磊落，更要審視其作為對大眾所造成的後果。

圖特在第六塊碑文（法術之鑰）中已揭示：黑暗兄弟所掌握的力量非常巨大。祂（們）能以人形或其他形像（包括以神明的形像），在你面前出現，也能以各種形象在你夢中或在靜坐冥想中出現。高明的黑暗，經常披著光彩耀人的外衣；邪惡也經常用大我和其他各種冠冕堂皇的名目來自我包裝。

《新約聖經‧馬太福音》7：17-20 說：「凡好樹都結好果子，惟獨壞樹結壞果子。… 所以，憑著他們的果子就可以認出他們來。」（"[E]very good tree bringeth forth good fruit；but a corrupt tree bringeth forth evil fruit. ... Wherefore by their fruits ye shall know them." - Matthew 7：17-20 KJV）

[2] 人死後的靈魂，其實是徘徊於此刻的生命與神聖的生命❹這兩界之間。而這兩界就是：幻覺力量的度阿特界以及眾神的國度❺。

[3] 圖特對陰間的論述，與道、釋、耶三教的一些比較：

（1）圖特在《翡翠碑文》中所揭示的，人類亡靈歸屬的陰間，並非一個懲罰或受苦之處，而是一個提供人類亡靈自新和更生機會的場域。陰間分為兩大界域。譯註者簡單通俗的將其稱為「泡澡區」和「點燈區」：

泡澡區。人在世時，若其心念言行的光明程度，雖未達神聖光潔而不得直接升入天界，然已高於人類的平均值，則其亡靈的歸屬是上七層中的

---

❹：此刻之生命是指某亡魂在陰間的一切內容。神聖的生命是指某亡魂在眾神國度的一切內容。

❺：度阿特（Douat；Duat）是古埃及神話所説，人死後亡靈所去的陰間。眾神的國度（le royaume des Dieux）就是指天界（阿儒廬）。

某一層。處於這七層中的亡靈，都浸浴在無限的光明之花（萬有之火）當中，持續的洗滌陰暗（淨化）、增強光明。

點燈區。人在世時，若其心念言行的光明程度，未及世人的平均值，則其亡靈的歸屬是下十四層中的某一層。處於這十四層中的亡靈，雖被籠罩在無限的黑暗之中，但仍是一盞微光；可以藉著黑暗的帷幕當作燃料，持續的增強自己的光亮度。

譯註者用「泡澡區」來形容陰間裡，高於人世的七個循環層次的依據是下列論述：

第二塊碑文中的相關敘述：
．生命之廳和死亡之廳都浸浴在無限的萬有之火當中。
．在生命之廳的深處，一朵光明之花開始成長茁壯，並驅退暗夜。從這光明之花的中間，射出一束大能，任何接近它的人都會得到生命、光明、和能量。
．在永恆之火的中央，坐著七位時空的領主。祂們在人類之子穿越時間的路程中，提供協助和指引。

第八塊碑文中的相關敘述：
．你要去尋找隱藏在地球心臟的奧秘。尋找激發世間生命的閃焰。沐浴在這火的光芒中。待在這個三角的軌道上，直到你自己變成一個光焰。

‧進到藍色閃焰的寺廟裡，去接受生命火光的沐浴。

第十四塊碑文中的相關敘述：
‧任何靈魂都必須先滌淨其晦澀昏暗，才能進入光明的大門。

譯註者用「點燈區」來形容陰間裡，低於人世的十四個循環層次的依據
是下列第二塊碑文中的相關敘述：
‧生命之廳和死亡之廳都浸浴在無限的萬有之火當中。
‧暗黑的死亡領主所在的死亡大廳。這個廣闊的大廳，雖然是一片漆黑，
　但其中卻有著某種內在的明亮。
‧這個黑暗的身形伸出了祂的手，手上升起了明澈閃亮的光焰。這個光
　焰，驅退了黑暗的帷幕，而且點亮了大廳。數不盡的火花，都噴發著
　一束束的光芒，照亮著暗夜裡更多的光點。而且，這些投射出來的光
　明，還在繼續的擴散。
‧這些星光把周圍黑暗的帷幕，當成了燒不盡的燃料。
‧這些光點都是人類的靈魂。祂們總是一面在增加，一面在減少。祂們
　在生生死死的轉換當中，永遠不滅。
‧當某些光點，自我提升成了花朵，並達到祂們成長的巔峰時，我就會
　拋開黑暗的帷幕，把祂們轉化成新形態的生命。從一朵光焰之花轉化
　成另外一朵。這些靈魂就這樣世世代代的成長，並以更大的能量來照
　亮黑暗。
‧人類在陰間的靈魂就這樣，不斷的展開和成長。

‧所有的光焰都不斷的爆裂並融合，直到一切都變成純粹的光明。

（2）老子所傳的道家，無論是《易經》或《道德經》，雖論及鬼神，卻都未對陰間做出描述。其後發展出來的道教，對陰間或地獄的諸多說法，有漢傳佛教的影響，故不在此列舉。

（3）地獄是佛教六道輪迴理論（天道、修羅道、人間道、畜生道、餓鬼道、和地獄道）中最低的一道。佛祖直傳（上座部）的《長阿含經‧起世經》卷第四的地獄品（隋朝天竺三藏闍那崛多等譯）裡面，並未談到地獄有幾層，但卻明言地獄是亡靈遭苦受罪之處。

佛教典籍對地獄的分類和層次，早期頗為分歧（例如：東漢‧安世高所譯的《十八泥犁經》、唐‧玄奘所譯的《俱舍論》）。後來才逐漸統一為十八層。但在佛教的理論中，地獄是人類亡靈遭苦受罪之處。

（4）廣義的基督教（Christianity），包括：猶太教（Judaism）、天主教（Catholicism）、和基督新教（Protestantism），所認知的地獄（sheol、inferno、hell），也是一個人類亡靈遭受懲罰和受苦之處。

在《舊約聖經》中，僅有一次提到人死後的去處，而且是借著一位靈媒婦人之口，以非常間接的方式提到的，而且並未提到該處是一個受懲罰或受折磨之處。（「婦人說，我為你招誰上來呢？」—《撒母耳記上》

28：11 中文和合本。）

陰間或地獄被形容為受懲罰和受折磨之處，是從《新約聖經》開始的，例如：

．「他在陰間受痛苦。…我在這火焰裡、極其痛苦。」—《路加福音》16：23-24 中文和合本。

．「…被扔在硫磺的火湖裡，… 他們必晝夜受痛苦、直到永永遠遠。」—《啟示錄》20：10 中文和合本。

十四世紀時但丁（Dante Alighieri）以長詩所寫的《神曲》（Divina Commedia）中，把陰間區分為煉獄（Purgatorio；原意是淨化）和地獄（Inferno；原意是火燒）。（圖 14.1）但丁的描述，對後世天主教的理論有一定的影響。不過，後人對煉獄一詞的淨化之意，逐漸模糊；而把懲罰和受苦當成對整個陰間的理解。

圖特所說，層次高於人類世界的九個循環，與但丁所說的九層煉獄，各有異同：

類似之處：

但丁所說九層煉獄中的七層，和圖特所說的上九層中的七層，都是亡靈淨化之處。但丁的九層煉獄是指：對應七宗罪（傲慢、嫉妒、憤怒、怠惰、貪婪、暴食、色慾）的七層，加上淨界山與人間樂土。圖特所說，亡靈進入上七層界域的判定標準（數字42所代表的意義），與但丁所引用天主教所稱人類七宗罪的行性，雖無法直接的對照，但存在間接的關聯。

相異之處：

圖特所說亡靈去處，譯註者簡稱之為泡澡區和點燈區，並無關乎遭罰或受苦。但丁把亡靈的去處稱為淨化區和火燒區，雖然表面上有些類似，但其內容卻是遭罰或受苦之域。

圖特所謂亡靈升入上七層的檢驗標準，是數字42所代表的：責任、秩序、平衡、和諧、合作、服務、與愛。而但丁的理論是：除了罪孽深重的亡靈需下地獄受各種酷刑之外，其他罪行較輕的亡靈到了煉獄裡，也仍然要受到痛苦的懲罰。

在煉獄裡，對應七宗罪的懲罰是：1.負重至腰彎（傲慢）、2.以鐵線縫住眼瞼（嫉妒）、3.困於濃霧不見出路（憤怒）、4.不斷的跑走（怠惰）、5.綑綁手腳（貪婪）、6.挨餓（暴食）、7.火燒（色慾）。

譯註者淺見，以上兩種對陰間的敘述，最主要的差異在於：但丁所呈現

的是負面的威嚇；圖特所呈現的是正面的引導。從圖特整體教導的角度來看，所謂的七宗罪，都是來自肉身；人類靈魂若不投胎成為肉身，哪裡來的罪？ 而人類靈魂不斷的轉世投胎，以借肉身來彰顯造物者的榮光，乃是道法的設計，而非任何單一靈魂的自主決定，所以，此種罪與罰的理論，不是沒有問題的！在圖特的眼中，或許：肉身所帶來的這七種特性，非但不是罪，而是永生的人類靈魂彰顯光明的標靶與機會！

（5）圖特所描述的陰間，與折磨或痛苦無關，遑論用陰間來威嚇弟子。將亡靈去處的陰間，描繪成遭罰受苦之處，在行銷術中稱為「恐嚇法」。這種與提昇人心光明能量適得其反的作法，是數千年來（直至今日），許多宗教經營者所一再使用，而且頗具表面績效的傳教手段。

[4] 在強大的國度裡有七棟房屋，每一棟房屋的大門都由三在把守。有十五種途徑可以通到度阿特。以上這三個數字觀念，現分述如下：

（1）在度阿特中的這七棟房，代表著層次高於人世的，從第三到第九，這七個循環界域。這七個循環層次同時也對應著人體的七個脈輪。

（2）把守每棟房屋大門的三，就是本碑文所揭示：來自太乙，萬物皆不可或缺，而且相互平衡的三元素。這三個元素就是：真理、神、和某種的自由。他們共同代表著：所有力量的平衡、所有生命的平衡、以及所有寬容的平衡。這三個元素的相互平衡就是創造的源頭。

圖 14.1：十五世紀義大利畫師米奇利諾（Domenico di Michelino）所繪的但丁宣
　　　　道圖。

（3）本書並未明示，通往度阿特的十五種途徑到底是哪十五種。但十五這個數字，在東、西方傳統文化中皆頗具深意，而且都和行天道有關：

十五在西方文化中所代表的意義：

· 在數字學裡，15 是 555 的濃縮，代表著覺悟與光明。

· 在密教裡，15 是神魄、魅力、和法術的展現。

· 在希伯來文化裡，是有助於靈魂升天的 15 種美德。

十五在東方文化中所代表的意義：

十五這個數字在中國易學系統裡面，代表著天地萬物運作的道。這個數字及其意義最直接的來源就是《洛書》。《洛書》是由 1 到 9 這九個數字所組成的一個三行三列的矩陣，其中每個方向數字的加總皆為 15。《易緯·乾鑿度》說：「合而為十五之謂道。」其實，15 就是《河圖》中，代表宇宙的 10，與代表人類的 5 之加總。所以，「道」就是人類依照陰陽和諧互動的原理，與自然界共存共榮的一條道路。若行此天道，即 5+10 = 15，則人類得與自然界共存共榮；若悖此天道，即 5-10 = -5，則會導致自然界的破壞和人類的敗亡。

[5] 數字十二的意思？

數字十二在西方密教的數字學中，代表：和諧、完整、與完美。據此推測，

每棟房屋都標示著數字十二的意思或許是：每個循環週期的層次雖然不同，但要進入某個層次，都必須和諧、完整、和完美的達到該層次所要求的標準。

《河圖》與《洛書》

《河圖》與《洛書》之名，首見於《周易‧繫辭上》：「河出圖，洛出書，聖人則之」。然而此圖與此書，自秦漢起已未見於主流學術文獻之中。相傳，北宋的道士陳摶，融合了漢朝至唐朝的九宮學和五行生成數的理論，創作了龍圖易。後人據此，才又再推衍出了今日所見的《河圖》（圖 14.2）與《洛書》（圖 14.3）。

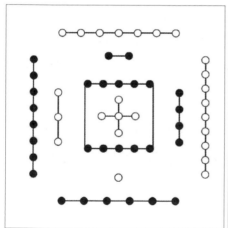

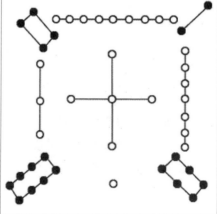

圖 14.2：《河圖》口訣：一六共宗水、二七同道火、三八為朋木、四九為友金、五十共守土。

圖 14.3：《洛書》口訣：戴九履一、左三右七、二四為肩、六八為足、五居中央。

[6] 強大的幻覺領主，是借著四十二這個數字，來辨別亡靈的確切歸屬。這是什麼意思呢？

根據阿蘭迪的解釋，四十二這個數字所代表的是：「自然週期當中，精神與物質、善與惡，之間的對抗；而這個對抗，就是人類演進提升過程中，因果循環或稱為業（karma）的由來。」所以，各領主辨別的依據就是：每個靈魂自己累世所造的業。阿蘭迪（René Allendy）是上世紀法國心理分析師，也是赫耳默斯主義的大師。他的名著包括 1912 年的《鍊金術與醫學：醫學發展史中的赫耳默斯理論》（*L'alchimie et la médecine: étude sur les théories hermétiques dans l'histoire de la medicine*）。由此可見，關於人死後靈魂去處的判定，不少宗教、門派、和神話的說法，都極為類似。

四十二這個數字，在西方密教數字學中，也有比較基礎的解釋，但仍然要依照先拆再合的原則來解釋。數字 4 代表：結構、秩序、規範、與限制；數字 2 代表：和諧、合作、平衡、與愛。數字 4+2 = 6，而 6 所代表的是：責任、服務、平衡、與愛。四十二這個數字所代表的意思，就是上述的總和。據此推論，檢驗和判定亡靈歸屬的項目是（包括）：秩序、和諧、平衡、合作、責任、服務、與愛。

[7] 荷魯斯子女的數字是四。東、西兩方各有兩名守衛。身為母親的伊西絲正在為孫兒們說情；她是反射太陽光芒的月亮女王。此段正文雖短，然寓意頗深，故特註解如下：

在埃及神話中，荷魯斯是歐西里斯和伊西絲的兒子，所以，荷魯斯之子，就是伊西絲之孫。

數字四在西方數字學中，有限制的意思。這句話的意思是：歐西里斯和伊西絲的孫兒們，因進不了陰間這七棟房屋中的某一棟或任何一棟，而被困住了。

圖特在此段說了一個，伊西絲在陰間救孫的事件，但卻未明言其涵義。譯註者的推測如下：

・若亡魂無法進入陰間裡，較高的這七層中去泡澡，就只好下到較低的十四層裡去點燈。此刻，或能紓解這種困境的辦法，就是要發揮月亮的特性（伊西絲是反射太陽光芒的月亮女王），也就是數字 2 所代表的涵義。

・若在陰間解危紓困，必須發揮數字 2 的特性，那根據上下如如的原理，人在世間進退維谷之時，解危救困的方法必然也是一樣的。根據西方密教的數字學，太陽是 1，月亮是 2；月亮和數字 2 的特性就是：和諧、合作、平衡與愛，以及，溫柔、諒解、技巧與和平。

[8] 什麼是必須永世保存的奧秘和解開生死之謎的鑰匙？

巴（Ba）是永存的本質；卡（Ka）是影子，也就是附於肉身的生命。簡言之，巴就是靈魂，卡就是神魄。

（1）巴是個人不滅的靈魂，也是無所不在的永恆太乙的一部份。巴在埃及象形文字（hieroglyph）中是人頭鳥。（圖 14.4）關於靈魂的註解，請參考第二塊碑文（阿曼提大廳）。

（2）卡是隨著個人肉身的生死而來去的神魄，也是被創造並無限循環的宇宙的一部份。（圖 14.5）

（3）卡和巴這兩個字（或音）在北非和中東的諸多信仰系統中，都有著相當悠久和神聖的傳統，例如：

圖 14.4：埃及象形文字的人頭鳥。

猶太密教用《卡巴拉》（*Kabbalah*）的教義來解釋，無限創造的第一因（太乙、靈魂）與無限循環的宇宙（萬有、神魄）之間的關係。此解與圖特所授的卡和巴，存在極高的一致性。甚至，講解卡巴拉生命之樹（Kabbalah Tree of Life）的古書的書名，都是以圖特所標舉的光明之門（*Portaelvcis*）來命名。（圖 14.6）許多資料都說：卡巴拉是希伯來語（קַבָּלָה），其字面意思是接受（reception）和傳承（tradition）。幾乎可與圖特所授無縫銜接：卡是人所接受的影子（神魄）；巴是人可永世傳續的本質（靈魂）。

伊斯蘭教的聖城麥加，有一個被稱為「天房」的神聖立方體建築物。這個天房就叫做「卡巴」（Kaaba）。（圖 14.7）

[9] 太乙（l'un）與萬有（le tout）是一個無始無終的循環，是什麼意思？

這個論述，加上圖特在第七塊和第十三塊碑文中所說的[C]，可以總和成一句更完整的教義，也就是：無極生太乙，太乙創萬有，萬有歸無極，無極又生新太乙；宇宙就是這樣一個無始無終的零與一的循環。

天文物理學家說：我們目前正在無限擴張的宇宙，始於奇點（Singularity）的大爆炸（the Big Bang）；但終將被終極黑洞（the ultimate black hole）裡的相反力量所吞噬而向內崩陷。因此，一切最後化入空無（Nihility）。以上就是一般的天文物理學家對宇宙的基本認識。

[C]：「我們七位領主是宇宙萬有法則，直接從無極（le vide original）之中創造出來的。」─第七塊碑文（七位領主）
　　「在未來的時代中，萬有將成為太乙。」─第十三塊碑文（生死之鑰）

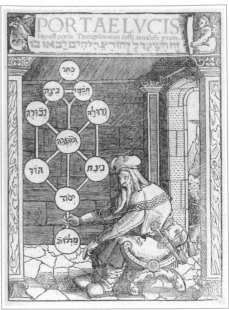

圖 14.5：「卡」在埃及象形文字中是向兩 邊高舉的雙臂。（By Karnak12. JPG: Rémihderivative work）

圖 14.6：古書《光明之門》（*Portaelvcis*） 封面

圖 14.7：伊斯蘭教聖城麥加的神聖立方體建築物「天房」。這天房就叫做「卡巴」 （Kaaba）。（By Moataz Egbaria - Own work, CC BY-SA 3.0）

譯註者對圖特教義的理解和進一步的推論是：空無的極致就是無極。無極中的反作用力會凝聚出一個反奇點而產生新的大爆炸，並創造出新的時空及其宇宙萬物。也就是說：太乙創造萬有，萬有終成空無，空無生反太乙，反太乙就是新太乙，並會生出新的萬有，這就是即無始、又無終的宇宙循環。而所謂某個宇宙第一因的由來，就是它前一個宇宙循環的反作用力。

從過程而言就是：無極（0）→太乙（1）→萬有（∞）→新無極（-0）→新太乙（-1）→新萬有（-∞）。若借用佛家《心經》色即是空的陳述方式，從更高的層面來看就是：一切的一切都是一體的，以數學符號表示則是：$0 = 1 = ∞ = -0 = -1 = -∞$。這也就是道家所說「物極則反」和「無極生太極」的無限循環。也就是說：不僅色即是空，而且有即是無、太極即是無極。

著名物理學家史蒂芬·霍金（Stephen Hawking）在 2014 年說：「愛因斯坦的重力方程式可解出兩個奇點，一個在黑洞裡，另一個在白洞裡。」他在次年又說：「旋轉和帶電的黑洞不會消滅物理訊息；黑洞有出口，黑洞的出口就是另外一個宇宙。」霍金此論，簡直是在為圖特的教義和譯註者的推論做背書。（www.youtube.com/watch?v=zABdXf3gqEI）

黑洞之所以當初被稱為黑洞，是因為人類尚無法直接觀測到它。這又是因為它的引力強到能吸入周邊，包括光線在內，一切的能量和質量。但

這都是從我們自己這個宇宙的角度觀察所做的敘述。譯註者的推測是：黑洞內部的奇點，對應著霍金所說白洞裡的奇點。原來的宇宙開始崩陷之時，就是新宇宙和新時空開創之刻。白洞裡的奇點就是新奇點，也就是新宇宙的太乙。請參考譯註者在第十塊碑文（時間之鑰）中對「一個擴張性的意念，自無中升起」所做的註疏。

[10] 萬物皆不可或缺的三元素（真理、神、和某種的自由）中的「神」（le Dieu；God），是什麼意思？

本書最後兩塊碑文中所說的神，是指：具有自我意識、精神力量、和神魄的眾神之神（類似基督教所說的耶和華），也是第一塊碑文中所說，圖特的父親曾服務過的神聖的三位一體，而不是：能力或境界有層次差別的領主、天使、守護者、或其他神祇，但也不是生成道法並創造宇宙卻沒有自我意識的太乙（接近基督教對上帝的一部份定義）。下文還有對此論更多的敘述。

上段所說，萬物皆不可或缺的三元素包括了，提供生命能量的光明神魄。所以，神也是創造萬物所不可或缺的元素。

[11] 神的三個屬性中的「無盡的愛」（l'amour infini），是什麼意思？

無盡的愛不是指有親疏遠近之分的仁愛之愛**❶**，而是指：給予人類和所

---

❶：《道德經》第5章說：「天地不仁，以萬物為芻狗。」 此句的意思就是：天道對所有的生靈和萬物，都不分親疏遠近的一視同仁。

有生靈一視同仁的溫和寬容之愛**ⓔ**。所謂溫和寬容，就是給予某種自由意識的選擇和發展空間。

[12] 靈魂升入天界所需的德性：

若某人仍困於和提升精神境界無關的我私、我欲、我執、我念，其亡魂就不可能光潔明亮，也就無法通過黝暗力量的阻擋而進入天界。以下是三家的相關論述：

（1）老子五千言《道德經》的主旨，簡言之就是：順天道、修德行。

（2）佛家對德行有不少教導，例如：守十戒、離十惡，以及四攝、六渡、八正道。雖然內容有些重複，但其廣度與深度屬三家之最。

（3）根據基督教的神學理論，人死後進入天國除了是靠神的恩典之外，仍須具有下列的七種德行：
 ‧四樞德：智、勇、義、節。（Cardinal Virtues：Prudence、Courage、Justice、Temperance）
 ‧三超德：信、望、愛。（Theological Virtues：Faith、Hope、Love）

ⓔ：《道德經》第67章說：「我有三寶，持而保之。一曰慈，二曰儉，三曰不敢為天下先。」名列老子第一寶的「慈」，就是溫和寬容之愛。

[13] 對於太乙與神聖三位一體的敘述和理解：

（1）眾神之神對太乙的敘述包括：
- 「太乙就是無始無終的第一因，它光芒普照、創造萬物、統領萬物、支持萬物。它是善，它是公義。」
- 善（bon）：太乙創造人類的同時也給了人選擇的自由，這就是善。（否則，人就成了機器人了！）
- 公義（juste）：太乙對待所有被創造的，都一視同仁的無所偏頗，這就是公義。（請參考前文對《道德經》所說「天地不仁」的註解。）

（2）圖特對神聖三位一體的敘述包括：
- 「眾神之神、萬聖之聖、各界眾星的君主、太陽的神魄、壯麗閃耀的榮光，擁有著無盡的智慧、能力、和愛，祂光明的神魄給了人類生命。」
- 眾神之神就是神聖的三位一體（智慧、能力、愛）；祂所提供的光明能量，就是萬物不可或缺的三元素（真理、神、某種的自由）。
- 因為圖特的父親曾擔任祂的發言人，所以我們知道，祂參與過人類的事務。
- 萬物和人類即是太乙所生，又是眾神之神所造。
- 眾神之神是太乙所化生，且具有自我意識的光明神魄；祂的任務，就是創造生命以彰顯光明。

[14] 圖特此說，與佛教地藏王菩薩 (Kshitigarbha)（圖 14.8) 所許下「地獄不空，誓不成佛」的宏願如出一轍。因此，極難不讓人聯想到；連關老爺都變成了佛教的伽藍菩薩了，印度教的雙馬神童變成了佛教的觀音菩薩，圖特（赫耳默斯）會不會也經由印度，而變成了東亞（中、日、韓）的地藏王菩薩，和東南亞（泰、緬、寮）所奉來自斯里蘭卡的引導亡靈的馬力雅德瓦羅漢 (Sri Lankan Arhat Maliyadeva)？

還記得希臘神話中赫耳默斯的圖像嗎？他右手頂著的是地球，左手邊靠著的就是雙蛇杖（圖 14.9)。資訊在數千年的傳播過程中，若不發生變異才是真的奇怪。所以，若地藏王菩薩的寶珠是地球變來的，多環杖是雙蛇杖變來的，也不足為奇。關鍵是，求知求智者。所須做的是：比較、慎思、明辨 – 這也是譯註者，多方蒐集材料並呈現於各篇後註，以供讀者參考的本意。

[15] 圖特定下的入學篩選標準：

這三項可以當作圖特要求的入學篩選標準。有此三種情況者就不是前文所說夠格的追尋者。有些宗教和門派的最精華教義之所以要秘傳，就是為了避免：（1）缺乏智慧或意志薄弱的弟子，學不成反而誤解教義，而造成誤傳；（2）心靈不潔的弟子，一旦掌握了某些神通，極易步入歧途，而害己害人。

[16] 圖特時代的寺廟是拜神用的嗎？

圖特在第八塊碑文（奧秘之鑰）中，提醒他的弟子：在傳授完了他的智
慧之後，進到藍色閃焰的寺廟裡，去接受生命之火的沐浴。此段又對他
（夠格的）弟子說：「齋戒三日之後，到寺廟下面的房間裡面來。我會
給你我智慧的精華，而你的能量將在人類中閃耀。」

譯註者據此推測：亞特蘭提斯時代的寺廟和此段所說（肯姆時代）的寺
廟，都不是用來尊崇敬拜太乙或神之處。因為對太乙和神的尊敬與崇拜
是一種人們隨時隨地都該有的心念與態度，不需侷限於一處。更何況，
太乙或神，根本不需要人的敬拜或供奉（需要信眾供奉的是神職人員）。
寺廟是正能量聚集之處，其功能應該是一個：滌淨私欲、引導正能量共
振、融入光明、天人合一的教化與修行場所。

圖 14.8：明朝所繪的地　圖 14.9：十七世紀時赫耳　圖 14.10：十九世紀泰國所
藏王菩薩圖像　　　　　默斯的木板雕圖　　　　繪的馬力雅德瓦
　　　　　　　　　　　　　　　　　　　　　　　　（Maliyadeva）羅漢

馬力雅德瓦

泰緬的上座部佛教也推崇一位從印度來到斯里蘭卡，叫作馬力雅德瓦 (Maliyadeva) 的具大愛與大能者 (圖 14.10)；初被稱為比丘 (Bhikkhu)，後因信眾漸多而被尊稱為羅漢 (Arhat)。此人深具慈悲心和大神通，去過天界也去過陰間；他教導人們在世時，各種行逕所造成亡魂到陰間時的不同處境，並親入地獄去救贖亡魂。根據他教導所寫成的經文 *Phra Malai Manuscript*，至今仍和華人世界裡的《地藏王菩薩本願經》一樣，在東南亞的佛教國家被用來超渡亡魂。

第十四塊碑文譯註感言

一、關於拜神

圖特在《翡翠碑文》中，苦口婆心地把幾乎所有能夠幫助人們今生和來世的道理都教了個遍（例如：真理、智慧、宇宙、時空、質能、始終、有無、上下、因果、光明與黑暗、生死、鬼神、陰間和天界，等等等），甚至連召喚神明相助的咒語都教了不少，為何唯獨沒有教導：祭祀、供奉、或拜神之事呢？

這一點對於正確的理解人與神的關係**ⓕ**非常重要。圖特說：「因果如如、人是自己信念的產物、人是自己一生實況的造就者。」想得到平安之果，你必須先去種下平安之因。所以，人自己心靈光明潔淨的程度，才是一切順逆、吉凶、與福禍的決定因素，與拜佛、求神、或捐獻並不相干。若以磊落無私之心，為了光明、正義、和公益而呼喚神靈，那你自動就變成眾神明的司令官。神明不但會顯能相助，而且是不須任何回報的義務打工，因為那就是神明原本職責的所在！

圖特和淨空法師都說：神鬼對人的福禍和生死，不具有任何的主宰權力。譯註者愚見：但凡是光明的神，無論是三清道祖、關聖帝君、天后媽祖、

ⓕ：《易繫辭傳・上篇》第12章：「天之所助者，順也；人之所助者，信也。履信思乎順，又以尚賢也。是以自天祐之，吉無不利也。」

大梵天、眾菩薩、耶和華、耶穌、聖母瑪利亞、或是天使長米迦勒，等等等，都不可能與任何人來談條件或做買賣。人只要心行光明端正，不用求神拜拜，天道和眾神自動就會保祐。人若心邪行惡，拜神和捐錢都是自欺欺神、毫無效用❻；除非痛改前非，否則只能自食惡果。

二、關於某個宗教組織或「神代」（神的代言人）的正邪判斷方法的參考：

1. 追錢：

正派的宗教和公益團體，既不會急於斂財，其所公布的財務明細，也一定是主動、及時、清晰、完整、易查證的。

若某宗教團體讓你有「多捐一點」的壓力，那你對該團體應有所戒心。說是隨緣、隨喜、心誠就好，但總有某些師兄、姊，會提供進一步的暗示。某些不肖的張羅募款的人士，經常使用的是社群壓力激將法。其標準話術例如：「某某人，家裡如何如何的困難，都捐了多少、多少！你若實在有困難，就不要勉強，誠意夠就好…！」

檢驗宗教和公益團體真偽正邪的關鍵，除了對終端獲益者的核實，更重要的可能是對層層經手和承包人（俗稱白手套）的追蹤。對於善款和各種收入以及支出的明細，是否：主動及時的（在網站）公佈？所公佈的帳目是否：清晰、完整、便於核驗？以上要求都達標的宗教團體，才可

---

❻：陰靈或黑暗兄弟，則可能樂於與人做交易，幫人完成某種現世的私願。但其索要的代價，恐怕不是任何人所能承擔的。

根據圖特的教導來推論，除了死於非命的受驚駭或怨恨深的亡靈，不易自然的渡過中陰，故需超渡之外，其他的亡靈，都在陰間裡增長光明，或接受光明的滌淨，完全沒有所謂吃不飽或缺錢花的事，更沒有所謂祖墳風水或祖靈欠債之類的事。一切的問題皆來自生者的身心靈，而非來自亡者。已得道而能出入天界的靈魂（如圖特者），其所參與護祐的是整體的天道，而非各自的子孫；未得道的亡靈，則更沒有保佑子孫的能力。故供奉求拜是無用的。至於，中華文化裡的慎終追遠，是藉著儀禮來培養敬祖尊長的態度，與神明完全是兩回事。

能是正派的。雖然一般信眾很難有足夠的專業或時間，來做深入的核驗，但只要某宗教團體沒有公開清楚的交代錢的層層流向，那你至少可對該團體有所戒心。

宗教團體裡管錢（出納）和管帳（會計）的，和所有的企業一樣，都不可以是同一個人。而且，在宗教團體裡管帳的，也不該是經營團隊成員的關係人。出錢多者擔任董事或委員並無可厚非，但監事則不應是經營團隊的關係人，並應由信眾定期普選產生，且不得連任。即使各項工作皆由義工臨時擔任，也應有透明的任免與稽核辦法，以昭公信。

宗教團體之所以免徵營利事業所得稅，是假設該團體：A. 無銷售行為；B. 所得皆樂捐來的善款。如果，某團體或其下屬機構明碼銷售，為付錢的消費者（信眾）提供某些服務或產品，那該機構或許應該歸經濟部管理。所以，有無銷售行為或許也是判斷某團體真正屬性的一個方法。

2. 盯人：

師父或神代（甚至包括其親族成員、機構管委會成員、組織內的職工）是否：關切組織發展勝過關切信眾？妄自尊大？生活豪奢？優待富商、輕慢平民？言行不符、有所掩蓋？
該組織是否幫師父或神代推展造神運動或個人膜拜？（尊敬與膜拜是兩回事。）

當你對任何的說法或作法提出質疑時，不正派的宗教團體一般會有兩種方式處理你：A.恐嚇法，例如：「你這樣對神明（或師父）不敬，會遭報應！」 B.誘使增加成本法，例如：「你若真想瞭解，那就來參加某某開悟祈福法會。到時候，你自然就會瞭解！」（當然，參加法會是要再繳錢的！）

師父或神代對上述狀況，是否及時、公開、明確、有效的糾正？

三、是否該擬定「信眾保護法」並設立「信保官」？

根據 2015 年內政部的資料計算，台灣平均每 1 千 8 百 36 個漢人就有一座宮廟。「廟數對人口的比例」為世界之冠，而且還在增加之中。台灣宗教業日進斗金以致遍地開花的原因很多。除了免所得稅之外，信眾與選票的關連性，足以影響某些政府公權力的執行單位、甚至於媒體，故常能遊走於法律的灰色地帶。另外，台灣人的高度不安全感、一般百姓的純樸善良、大小生意人多有與鬼神做買賣的觀念、以及某些不肖宗教業者和神代們超專業的經營手段，都是造成此現象的重要原因。

早些年，是寺廟服務信眾與民代服務選民的合作。近年來，有些財團發現了：相較於包工程或內線炒股，「開廟」才是真正零風險、一本萬利、穩賺不賠的生意；而且，有了龐大的信眾，同時也增強了財團影響政府公權力的籌碼，更提高了自身免受法律制裁的免疫力。所以，某些財團

開始如同開設連鎖便利店一般，系統性地藉著，創造新的神話或迎奉某某神祇的分身，到處設立連鎖廟。其中的神職人員不乏商業經營的高手；有些大學已經推出了相關科系。台灣的宗教活動至今已經發生了質的改變。

雖然圖特明白的指出：無論是個人直接接觸的，或是透過神代而接觸的各路神明，都必須聽其言、觀其行來做出判斷。但不論是傳統宮廟、商業性的連鎖宮廟、或是新興宗教，信眾在神代與師父面前，都是明顯的弱勢者。在知識、資訊、以及社會力量等各方面，信眾與這類組織都非常的不對等（有點像患者和醫院的關係），所以很難對神代和師父的言行，做出客觀合理的判斷，因此屢屢發生信眾的身、心、或財務遭受損害的事件。而這類的問題，目前的司法或警務系統是幫不上太多忙的。

在信仰方面，許多的信眾並不具備客觀判斷或自我保護的知識與能力。面對不肖業者，有人仍迷陷其中、任憑操弄、予取予求；有些人就算警覺到自己受騙被害，也多半是束手無策、自認歹命。台灣已進步到，社會上有消費者保護團體，政府裡也有了消保官。或許，台灣社會也該有成立各種信眾保護團體的覺悟，立委們除了忙於訂定護航法案與自肥法案之外，更該無私勇敢的擬定「信眾保護法」，政府裡也到了該設立「信保官」的時候了！

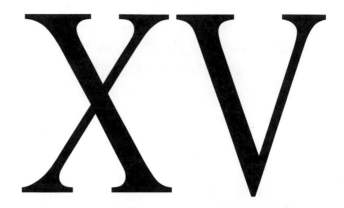

XV

LE SECRET DES SECRETS

第十五塊碑文

密中之秘

孩子們,現在你們都已聚集好了。你們等著要聽的密中之秘,能讓你獲得有如神創造人一般的大能,能為你指出通往永生之路的秘密。我會直率地說明這些奧秘,我不會用謎語或典故來做任何的遮掩。豎起耳朵仔細的聽吧,我的孩子們。你要打開你的心扉,拋棄偏狹或先入為主的想法,而且要尊行我將要交代的事項。

首先,我要告訴你們的是關於,把你綑在地球界的重重枷鎖。光明和黑暗的本質一模一樣,他們唯一的差別只是表像;他們和萬有一樣,都來自同一個源頭。[1] 黑暗是混亂,光明是秩序,轉換後的黑暗就是光明中的光明。那麼,我的孩子,你生命的意義何在呢? 就是把黑暗轉換成光明。[2] 你現在明白自然界的奧秘了嗎? 你現在看清,生命與承載生命的地球❶之間的關係了嗎?

要知道,你的本質是三合一的,也就是:屬身的、屬天的、和屬心的。這每一個層面又都包括了三個特質,總共九個。他們之間的關係都是下如其上。

屬身的層面

人體內有許多管道,上上下下的在傳輸著血液,這血液是由心跳所推動。在神經系統裡面,有某種磁力在各個細胞與組織間運動,並提供滋養作用。還有一些傳送「阿卡薩」[3] 的微妙的管道[4]。

❶:地球是太乙設計來承載生命,並供人類自我實現的舞臺。

屬身、屬天、和屬心的這三個系統彼此密切相連，都影響著肉體的生命。最後，還有一個從骨骼系統中播散出來的「太乙能量」[5]。

肉體生命的秘密，在於精通地掌握這三個系統的力量。通達的高人，一旦完成了他人生的使命，就會避免再去使用這些力量。

屬天的層面

人屬天的層面，具有三合一的特質。這個層面是上、下層關係的調解者。它即非肉體性，也非精神性，但能在兩者中移動。

屬心的層面

人屬心的層面，也有三合一的特質。心承載著太乙的意念。在人的一生中，自己的心擔任著因果關係仲裁者的角色。[6]

在人類的身、天、心這三個層面之上，還有一個更高層面的國度，那就是「精神層面的本我」[7]。人類這三個層面的功能，都存在於這個國度裡。人的一生，這三個層面及其功能都受控於精神層面的本我。

這個更高超的本我有四個面相，並且都朝著人的每一個層面散發著影響力。其中的奧秘就是：「納 13 於 1」。[8]

人的每個層面以及其中的每個功能，都引導並安排著人的一生；每一個
都是通往偉大太乙的渠道。

想辦法延長你肉體的使用年限吧。保持心靈的平靜，使其不受思慮的干
擾，你就能延年益壽。你的心靈和企圖都必須要純淨，否則，你肉身活
的再久，靈魂也必將失敗。

以下就是讓你擺脫奴役並獲得自由的秘密。

當身體處於休眠狀態時，你要保持自己心靈的沈穩。你的意識要去關注
你的靈體自由翱翔的感覺，而不要去關注你的軀體。

你必須分清，自己身體中兩種不同的意識。一種是體內高密度物質性的
意識，另一種是你存在本質的意識。[9] 這個存在本質的意識也能對你的
肉身，提供關切和照料。這個存在本質的意識，正應是你注意力的核心
所在。你必須把你殷切的意念安置於此。

集中你的注意力、意念、和精神，讓心中升起最熱切的欲望。不斷把你
的注意力和精神集中在你已經自由的脫離了肉體的想法上。

想著這句咒語「拉‧悟姆‧依‧樂‧甘」[10]，並在心中一遍遍的復誦，
讓你心中響亮的聲音與你熱切的欲望相結合。靠你的意念來掙脫肉體的

束縛。

特別注意了！我現在就要告訴你一個最了不起的秘密 – 這些秘密能讓你進入阿曼提諸大廳[11]，也就是我當年向永生不朽的領主們致敬的地方。

和我在此碑文中所說的一樣，你要全心全意的把阿曼提具體的視覺化。用你的心靈之眼，把你在眾領主前致敬的景像視覺化。並在心中唸誦著我現在告訴你的，具有權威大能的咒語：

美庫・得樂・夏布・愛
阿樂・素和・本・內樂・匝布魯特
進・內弗潤姆・括・睿[12]

放鬆你的心靈和身體。放心吧，你的靈魂將會被呼喚。

在太空中，每個星球都環繞著維繫其時空維度的能量網[13]。人類在地球上，也同樣受限於此處的時空維度。然而，在人的裡面，有一把能讓自己從此奴役中解放的鑰匙。

當你已能脫離肉體而存在，並且來到了地球維度的周邊時，那就是你該使用咒語的時候了。

「多・睿・悟・啦」[14]

透過用靈體的意念來唸誦這個咒語，你靈體的光芒可以激增一段時間，以助你跨越空間的一些障礙。在半個太陽的時間（六小時）之內，你可以自由的穿越地球層面的各種障礙，可以看到並認得其他那些同樣超越了地球維度的靈體。沒錯，你可以把自己提交到那些最高層次的世界中，也可以找到那些你能在其中，展開自己靈魂的更高層次界域。你曾經被鎖在身體裡，但現在你自由了。

穿越深藏的層層門戶後，當你遇到把守門戶的守護者時，你要說：「我就是光明。我裡面沒有黑暗。我已從暗夜的枷鎖中解放。打開通往十二位領主❷ 和通往太乙的通道，以便我抵達智慧的國度。」

雖然你這麼說了，祂們還是會拒絕開門。你就要用下列大能的咒語，命令祂們打開通道：「我就是光明。對我，任何的障礙都不存在。我用密中之秘的威力命令你們打開，

意東姆・艾・拉因姆・薩貝赫・具 阿東姆。」[15]

如果你的話語，有著「最高真理的精神」[16]，那這些障礙將隨之崩解。

這個，就是通往我兄弟們所居住的「香巴拉」[17] 的鑰匙。香巴拉是一

---

❷：這十二位領主就是在阿曼提大廳裡，坐在永恆光焰周圍的那十二位。

個完全沒有陽光照耀，但卻充滿著神魄光明的境地。當我在世之日終了時，這些光明將是我的引導。

所以，像我所教你的那樣，退出你的身體吧。

現在，我要離開你們了，我的孩子。我必須要前往阿曼提的諸大廳。只要你打開通往我的通道，你就成為我真理中的兄弟。我所寫的就止於此。

把這些鑰匙轉交給我的後來者；但只能交給那些追尋我的智慧，而且是你認為值得的人。就只為了那些值得的人，我就是他們的鑰匙和道路。

第十五塊碑文篇後註以及各家論述的比較

[1] 「何謂真理？」是人類數千年來的重大迷思。

圖特的真理觀是：非唯一、不排他、而且還在成長中。進一步，還可以理解為：光明與黑暗、太極與無極、陰與陽、色與空，都是同源而出，是一體的兩面，也都是道法和真理的一部份。黑暗是光明的燃料；道法中若缺了黑暗，則光明也無法成長。

譯註者對真理所做的上述歸納，是依據下列的碑文：
- 「通往奧秘的道路有很多條，但他們都和太乙是一體的。」（第九塊碑文：空間之鑰）
- 「真理在不斷地成長。」（第十塊碑文：時間之鑰）
- 「（曙光之子和暗夜兄弟，）你們都是真理……萬有的源頭與萬有的終極是一體的。」（第十二塊碑文：因果關係與預言之鑰）
- 「光明和黑暗的本質一模一樣，他們唯一的差別只是表像；他們和萬有一樣，都來自同一個源頭。」 **Ⓐ** （第十五塊碑文：密中之秘）
- 「圍繞在周圍的黑暗帷幕，就是每盞靈魂的星光燒之不盡的燃料。」（第二塊碑文：阿曼提大廳）

Ⓐ：源於《翡翠碑文》，出版於1908年的The Kybalion：Hermetic Philosophy（卡巴利恩：赫耳默斯的哲學）中說：「所有的真理都是半真。」（ "All truths are but half true." ）

[2] 「人生的意義?」是人類亙古以來的重大課題。

圖特說:「你生命的意義,就是(經由自己的抉擇)把黑暗轉換成光明。」

圖特也說:「人乃光明之子,是由光明的意念和光明的能量所生。」 所以,人生命的意義只可能是綻放光明,而不可能是去展現黑暗。所謂黑暗就是:為我、為己、為私;所謂光明就是:無我而為他、無己而為人、無私而為公。

圖 15.1:埃及神話中,人死後靈魂的去處,取決於人心的重量,也就是靈魂的光明程度。

人的肉體毀敗後（也就是死後）的一切，取決於生時在自由意志主導下的心念與言行。如圖 15.1 所示，埃及神話中，人死後靈魂的去處，取決於人心的重量，也就是靈魂的光明程度：人心若輕於羽毛，則靈魂升入天界；若重於羽毛，則墮入陰間。所謂光明程度的意思就是：自私自利者心重；無私無我者心輕。

[3] 阿卡薩（l'Akasa）：

梵文也有此字，意為天空或蒼穹。佛教解為虛空。印度教解為天生萬物的本質，也解為一種音頻。圖特說，阿卡薩這種能量，運作於人體內微妙的管道中；頗似中醫和道教氣功所說的氣。

[4] 人體內能量運行的微妙管道：

中醫說，人體內有各種運行氣血的通道，稱為經脈（英文一般譯為子午線 meridian），包括：十二正經與奇經八脈。道教的內丹術（英文一般譯為 internal alchemy）說：以意導氣，運行大、小周天，可長生久視、天人合一。

印度傳統醫學說，生命能量（prana；又稱為宇宙能量 cosmic energy）通過中、左、右三條脈（nadi：管道）在人體中流動，並形成七個密集區，稱為脈輪（nadi-chakras）。有多個印度傳統的修行法門都說，若喚醒潛

藏在脊椎尾端的昆達里尼（kundalini：靈量、拙火、生命力），並接通這七個脈輪，即可達到梵我合一。

[5] 人類的骨骼系統中，潛藏著關乎健康、生命、和自我提升的太乙能量：

圖特所說來自骨骼系統的太乙能量（l'éther），與印度傳統修行法門所說捲藏於尾椎的昆達里尼（kundalini）應該有必然的關聯。請參考第三塊碑文（智慧之鑰）中對體內生命之火的註解。

下列的兩則報導，或許可以為圖特的說法做註解：

美國著名的網路雜誌《學生科學新聞》（*Science News for Students*），2017年11月2日的報導說：哈佛大學醫學院的研究員貝亞特·蘭斯克（Beate Lanske）說：「骨骼並非我們以往所認為的，只是支持軀體的一個死架子。人體骨骼與各種腺體一樣，都會釋出某種的荷爾蒙，而且與腦部和全身所有的器官都有著密切的關係。」美國緬因州醫學中心的內分泌學家克里夫·羅森（Clifford Rosen）說：「骨骼所釋出的荷爾蒙，影響著人的健康與疾病。」
（https://www.sciencenewsforstudents.org/article/bones-have-stealth-role-muscle-appetite-and-health）

台灣東森電視台 2018 年 1 月 23 日的關鍵時刻節目中說，NHK 的紀錄片指出，人體骨骼會傳輸出一種神秘的細胞，它能增強所有器官的功能，調節各個臟器之間的協作，它掌控著人的青春和活力。骨骼功能的下降等於是關閉了生命之門。

[6] 在人的一生中，心承載著太乙的意念，並擔任著因果關係仲裁的角色。

屬心的層面是一種精神層面。屬心層面的三合一是指：這個心會為現在所做的每一個「因」，及其將會造成的每一個「果」，都貼上標記。心所仲裁的就是：過去所種的因，現在該結出的果；以及現在所種的因，於未來所該結出的果。

太乙的意念就是宇宙意識和道法。所謂人心承載著太乙的意念，頗似俗話所說的天理公道自在人心」或是「人人心中有一把尺」。人所犯的惡，或能欺騙世人，或逃避刑責，卻無法躲過自己良心的仲裁。所以，人的一生中，時刻不間歇的在記錄著自己對自己的審判。亡靈歸屬的判決者，不是耶和華，也不是閻羅王，而是自己的心。

[7] 什麼是精神層面的本我？

精神層面的本我（le soi spirituel）就是太乙、道法、和光明，極像玄奘

所創的法相唯識宗（源於印度瑜伽行唯識學派）所說，第八識（阿賴耶識 alaya-vijnana）的本覺心源，也稱為自性。禪宗所說，明心見性或菩提自性的性，就是這個自性。淨土宗的淨空法師也說自性即佛。請參考第七塊碑文（七位領主）中對自身中的光明靈魂的註疏。

[8] 精神層面的本我有四個面相，…其中的奧秘就是納 13 於 1：本我的四個面相就是，精神層面的本我加上所統轄的屬身、屬天、和屬心的這的三個層面。

所謂納 13 於 1 就是人體生命的秘密，也就是讓 1 所代表的精神層面的本我來統轄下列的 13（= 3 + 10）種功能：

A. 屬身層面的功能：
　　a. 心臟血液系統的運作
　　b. 神經系統的運作
　　c. 阿卡薩能量系統（氣場）的運作
　　d. 太乙能量系統（出自骨骼）的運作

B. 屬天層面的功能：
　　a. 人經由身心靈的提升，以疏通精神層面本我的調解功能
　　b. 人經由身心靈的提升，以調解屬身層面的功能
　　c. 人經由身心靈的提升，以調解屬心層面的功能

C. 屬心層面的功能：

　　a. 心中道法對過去因果關係的仲裁

　　b. 心中道法對現在因果關係的仲裁

　　c. 心中道法對未來因果關係的仲裁

[9] 兩種不同的意識（deux consciences）：

（1）身體中高密度物質性（la dense matière de ta chair）的意識，就是肉身的意識，很像佛家所說的六識，也就是眼、耳、鼻、舌、身、的五種感官性知覺（前五識），加上意（第六識）對這些訊息的處理（例如：分析、推理、和記憶）。

（2）存在本質（celle de ton être essentiel）的意識，就是靈魂的意識，應該包括下列兩層：

A. 對於彼與此、好與惡的知曉和記憶，很像佛家所說的第七識（末那識 manas-vijnana），也就是所謂妄想、分別、和執著的升起之處。這一層的意識，有時可透過深度催眠來接通。

B. 前文所言精神層面的本我（le soi spirituel），也就是無限光明的太乙的意念。這一層的意識，一般需要停止官感和思維才能接通。

[10] 讓人擺脫奴役並獲得自由的咒語？

就是經由靈修來讓靈魂出竅（脫離肉體的束縛）並自由翱翔（逍遙遊）。此項靈修所使用的咒語是：「拉·悟姆·依·樂·甘」（La-Um-I-L-Gan）：「拉·悟姆·依·樂·甘」是此咒最接近拉丁語發音的中文字。根據希伯來文轉碼學，其意為：「我不在這裡」。（希伯來文轉碼學，請參考第十塊碑文（時間之鑰）中的註解。）

美國出版過不少此書的英譯本，其書名雖略作更動，但內文多有把此咒誤載為 "La-Um-I-L-Ganoover" 的情形。後面多出來的 "oover"，其實是來自原句 "Think of this word — La-Um-I-L-Gan — over and over in thy mind" 的誤謄。這個錯誤從 1939 年以後，一版一版的訛傳至今。

[11] 阿曼提（Amenti）到底是指陰間還是天界？

圖特不僅多次提到地心深處的阿曼提，而且說陰間和天界都在阿曼提裡面。這個說法雖然沒錯，但可能容易被現今的讀者所誤解。其實，讀者可以把阿曼提理解為：即是人世以外的一個異時空界域的代稱，同時也是通往其他多個異時空界域的門戶，而其中的陰間又正是通往天界的門戶。阿曼提所在位置的三維座標就是在地心深處，只是與我們的地球不在同一個時空而已。這就是圖特所說：不同的世界是疊加在一起的。也正是因此，圖特才建了大金字塔來汲取宇宙能量，以便打開通往阿曼提

的時空之門。

[12] 能讓活靈（而非亡魂）進入阿曼提的權威大能咒語：

（1）以下三行咒語，是最接近拉丁語發音的中文字：

美庫‧得樂‧夏布‧愛（Mekut-El-Shab-El）

阿樂‧素和‧本‧內樂‧匣布魯特（Hale-Sur-Ben-El-Zabrut）

進‧內弗潤姆‧括‧睿（Zin-Efrim-Quar-El）

（2）綜合希伯來文數碼計算學和第十塊碑文（時間之鑰）中所註解的咒語解密原理，此咒整句最貼切的意思是：「大能的領主啊，請賜我無限成長的光明！」

（3）之所以稱此咒為權威大能的咒語，是因為在太乙所設計的道法裡，阿曼提諸大廳中的陰間，是亡魂的去處，而且還得依據每個亡魂的光明程度來決定：是進入較高七層中的某一層，去接受光明的洗滌，或是進入較低層的黑暗大廳去增長靈魂的光明度；只有毫無瑕疵的亡魂才能夠經由陰間而通達天界。因為阿曼提也是通往天界的門戶，所以阿曼提絕不是一般活靈或亡魂能隨意來去之處。

經過光明之子的教導和無數世代的努力，圖特在此所授的咒語，並不是引導亡魂用的，而是讓仍然在世的活靈能自由進出阿曼提，所以稱之為

具有權威大能的咒語。這並不是說，圖特或任何生靈可以改變或是顛覆太乙所設計的天道，而是說：因為天道的終極目的是彰顯光明，而且天道本身也還在不斷地成長中，所以，只要是符合天道的終極目的，都是天道。圖特之所以能夠成功的，調動天兵天將助他勇闖天界，去招喚一個無比優美的智慧來到人世發光（第十塊碑文─時間之鑰），也正是因為：其心其行，皆符天道。

[13] 環繞著每個星球，以維繫其時空維度的能量網：

這個能量網，不是指大氣層，而是一種把萬物、星球、和星系都維繫在各該時空維度中的力量。正如圖特所說的：「宇宙（當然也包括當中具有實體的每一樣東西，例如：每個星球、每個人）的外面，有著如黝暗海洋般駭人的先天混亂。道法就是用這種可畏的黝黯力量，來區隔不同的界域。這種混亂的力量異常強大，若非具備無限平衡力量的領主加以阻隔，連神的創造都不能保存。」若參考伊朗物理學家凱史（M. T. Keshe）所說磁引力的概念，則這個能量網或許是：各星系向外的磁力與向內的引力之間，保持某種秩序的一種宇宙能量。所以，時空維度的維繫，就是界域的區隔，其意義如下：

A. 主觀：
　　a. 使該個體處於一個相對較規範和穩定的界域中。
　　b. 保護該個體，使其不因他界因素的侵擾而失序。

B. 客觀：避免該個體，竄入他界而擾亂道法的秩序。

[14] 讓自主出竅的靈魂，超越地球時空界域（能量網）的咒語：

多‧睿‧悟‧啦（Dor-E-Ul-La）是譯註者所選用，最接近拉丁語發音的中文字。根據希伯來文轉碼學，此咒的意思是：阿曼提諸大廳或神的國度（Halls of Amenti 或 the Kingdom of God）。

[15] 讓天界守護神打開大門，讓活靈進入天界的密咒：

「意東姆‧艾‧拉因姆‧薩貝赫‧具 阿東姆」（Edom-El-Ahim-Sabbert-Zur Adom）此咒整句的意思是：「讓神國度的光芒，閃耀吧！」

（1） 意東姆（Edom）和阿東姆（Adom），在希伯來文中都有紅、光、和閃的意思。意東姆是名詞，意思是光明。阿東姆是動詞，意思是流血或閃耀。根據 Timothy Scott 對希伯來古籍《光名篇》（Zohar）的研究：意東姆（Edom）就是《聖經》所說的伊甸園（Eden），意思是神的國度；阿東姆（Adom）除了是閃耀的動詞，也是《聖經》所說的第一個人類的名字亞當（Adam）。（出處：religioperennis.org/documents/Scott/edomeden.pdf）所以，亞當這個名字的涵意：人類即是神的光明神魄所創，也被期待要閃耀著神的光彩。

（2）「艾・拉因姆・薩貝赫」（希伯來文：סיהולא；拉丁文：El Ahim Sabbert；英文：Elohim Sabaoth）是基督教裡眾神之神耶和華的全稱，意思是偉大的千軍萬馬之神或眾神之神。拉丁文的具（Zur）在希伯來文中的意思是地區或界域。

艾・拉因姆・薩貝赫是圖特咒語中神的名字。拉丁文的艾・拉因姆（El-Ahim）在希伯來文中是尊者或神的複數，意思是眾神，但也可以指單數的偉大的神。拉丁文的薩貝赫（Sabbert）在希伯來文中的意思是大軍或部落的領袖。

基督教的眾神之神在不同版的英文《聖經》裡，至少有三個稱謂：
- 偉大的千軍萬馬之神（Elohim Sabaoth）。
- 雅威（Yahweh；尊敬的寫法是 YHWH），意思是我就是我（I AM THAT I AM）。
- 耶和華（Jehovah）是雅威發音的演變。

（3）基督教《聖經》的故事和教義，確實與本書以及北非和兩河流域的遠古傳統有重疊或相似之處。同樣的，佛教與同時期的印度教以及更早期的婆羅門教和耆那教，也有重疊或相似之處。想要證明他們之間的傳承關係，是訓詁學和考古學裡難如登天的任務。同樣的，想要撇清他們之間的關聯，並堅稱各自都是完全獨立發展出來的系統，也是難以令人信服的。

[16] 最高真理的精神（l'esprit de la vérité la plus haute）：

（1）何謂最高真理的精神？

最高的真理就是必將勝出的真理（第十四塊碑文：神的屬性），而最高真理的精神就是符合光明大道的精神。這就是《禮記‧禮運篇》所說的：「大道之行也，天下為（wei4）公。」為公就是為了大眾。這也是《道德經》所說的：「是以聖人處無為（wei4）之事」（第 2 章）；「為（wei2）無為（wei4），則無不治」（第 3 章）；和「故聖人云：我無為（wei4）而民自化。」（第 57 章）。

（2）何謂最高的真理？

圖特前文有言：「光明與黑暗都是真理的一部份，他們的本質一樣，唯表像不同。」即然如此，那為何最高的真理不是黑暗，而是光明呢？
首先，我們可以跟據《翡翠碑文》的整體教義，對光明和黑暗做如下的歸納：
a. 無我、無己、無私的，就是光明。
b. 為我、為已、為私的，就是黑暗。

其次，光明是最高的真理這一句表述，並不是說光明是唯一的真理，更不是說：其他的真理都是錯、假、或偽。至於，何者為最高？ 只是各人

主觀的問題。所以，若某人相信黑暗是最高的真理，那是他的選擇。只要無害於人，他人也無需致喙。然若私欲不斷地擴張，以致危害眾生時，光明必將增強，而黑暗終將消退。其實，這也是陰陽太極圖的道理 – 在無數的光明與黑暗的互動循環中，提升人類的光明程度！

為（wei4）與 為（wei2）

學者們把道家所倡「無為而治」的為（wei4），理解成了「無所作為」的為（wei2），是最晚從漢末王弼的《老子道德經註》起的一個普遍的重大誤解。老子的意思是：主政者沒有私心私欲，天下便可大治。譯註者此解的佐證如下：

老子不是叫主政者無所作為（wei2）❸，而是要主政者效仿聖人，以無私的心態並有所作為以服務天下。老子兩次說要「為（wei2）而不恃」（第 2 章和第 51 章）；而整本《道德經》的最後一句話就是：「聖人之道，為（wei2）而不爭。」第 13 章：「故貴以身為（wei4）天下，若可寄天下；愛以身為（wei4）天下，若可託天下。」 譯註者的白話翻譯，請看第 10 塊碑文（時間之鑰）篇後註第 19。第 81 章：「聖人不積，既以為（wei4）人己愈有，既以與人己愈多。」
文子（老子弟子，春秋楚人）所著的《通玄真經》卷第八（自然）說：「老子曰：所謂無為（wei4）者，… 謂其私志不入公道。」

此處的「為」字，應念四聲（wei4），意思是「私人目的」。譯註者此解的佐證如下：
《禮記·禮運篇》：「力惡其不出於身也，不必為（wei4）己。」
《孟子·萬章上》：「莫之為（wei4）而為（wei2）者，天也。」

---

❸：《道德經》中明白提到要有所作為的事很多，包括：生、育、養、教（不言之教）、善救人、善救物、正善治、事善能、建德、行道、用兵、治國，等等等。

圖特為何宣導光明是最高的真理？

譯註者的淺見如下：人的本性喜歡光明，因為：
「光明中升起了生命。…人，乃是來自光明的神魄。」（第九塊碑文：空間之鑰）「人哪，…你看不出自己真正的本質是光明嗎？」（第四塊碑文：空間的誕生）人的本性恐懼黑暗，因為黑暗中可能潛藏著未知的不利於己的因素。「黑暗是混亂，光明是秩序。」（第十五塊碑文：密中之秘）「光明終將成為一切；黑暗將不復存在。」（第十二塊碑文：因果如如）所以，光明才是人類的大道和希望。

譯註者小結：最高真理的精神，就是符合光明大道的精神，就是一切為了「讓眾生不斷自我提升並綻放光明」的意念，也就是第一塊碑文中所說的太乙和道法。

[17] 香巴拉（Shamballa）：

圖特在此所說的香巴拉就是先前所說的光明之子的居處，也就是天界和神的國度。圖特所說的香巴拉，與下列概念頗為雷同：希臘神話中的極樂世界（Elysium：愛麗絲世界）^C、基督教所說的天堂（paradise）、印度教和佛教所說的淨土（pure land）。在藏傳佛教中，至今都仍把極樂世界或人間淨土稱為香巴拉。有人認為，詹姆斯‧希爾頓（James Hilton）1933 年的小說《消失的地平線》中的香格里拉，可能就是源於西藏的這個傳說。

ⓒ：法國巴黎的香榭大道（Avenue des Champs-Elysées；中國大陸多譯為香榭麗舍大街）就是依愛麗絲世界（極樂世界：Elysée；Elysium）而命名。小說《愛麗絲夢遊仙境》（Alice's Adventures in Wonderland）的書名，也與此淵源有關。

附 錄：圖特對「靈修」和「神遊」
論述的總整理

一、靈修（圖特對靈魂出竅的論述）

1. 靈修的定義：

靈修就是讓自己的靈魂與「無限智慧的光明」和「永恆生命的火焰」相結合，以達天人合一。《翡翠碑文》說，陰間裡層次高於人間的，從三到九的這七個循環層次，有兩重意義：一是他們為亡靈提供了能進一步滌淨靈魂的光焰，二是他們都對應著人體內可以解放靈魂的七個能量集結區。（和印度傳統醫學和修行門派所說的七個脈輪（nida-chakras）一致。）

2. 生命之火藏在脈輪之中：（第三塊碑文—智慧之鑰）

每個循環層次的意義，就是每個脈輪所代表的意義。所以圖特說，偉大的生命之火，就隱藏在人們自己身體的這個地球裡。圖特還交代弟子為每個脈輪設定一個光明之花的形像，以供靈修時觀想之用。

3. 陰間裡七個循環層次的意義：（第三塊碑文—智慧之鑰）

（1）三這位領主，掌握著所有隱密法術的鑰匙，祂是各個死亡大廳的創

造者。祂所施展的能力，把人類之子的靈魂籠罩在黑暗之中。祂是人類之子所有負面因素的調度管理者。

（2）四把自己從三的力量裡釋放出來。祂是人類之子的生命領主。祂自我顯現的形態是一個光與火的身形。祂是人類之子靈魂的救贖者。

（3）五就是大師。祂是所有法術的領主，祂就是回響於人類當中的咒語的鑰匙。

（4）六就是光明領主。祂就是人死後，靈魂在隱藏著的通道中，所追隨的光明。

（5）七是廣袤無垠的空間的領主，祂也是時間的鑰匙。

（6）八規律著進步與進展的階段；祂衡量並平衡著人提升的進程。

（7）九就是父親。祂成於無形，祂自我顯現的形態是巨大的無形之形，而且還在變化中。（這個描述也是對太乙、道法、和宇宙意識的描述。）

4. 靈修的基本概念：（第四塊碑文─空間的誕生）

（1）任何想遵循智慧之道的人，都必須對自己體內的生命之花完全開放，並讓自己的意識脫離黑暗，翱翔於偉大萬有的時空之中。

（2）寂靜。你首先必須做的就是保持寂靜，直到你不再受各種欲望的束縛，包括想要說話或表達的欲望。你一旦征服了寂靜，也就克服了想說話的欲望。

（3）食物。年輕人，你還需要抑制吃喝，直到你克服了對食物的欲望為止。食物是對靈魂的束縛。

（4）黑暗。接下來，讓你自己躺在黑暗中，閉上雙眼去觀想光明，把你靈魂的力量集中於意識的核心，以便脫離暗夜的綑綁。

（5）透過觀想，把自己化為能量。在心裡放一個，你期望見到的景像。一邊觀想著這個景像，一邊觀想著你被自己的能量，帶到了這個景像中，而且你的靈魂也脫離了暗夜。你必須使出所有的力量，來回的搖動，這樣你的靈魂才能獲得自由。

5. 智慧之光藏在脈輪之中：（第八塊碑文—奧秘之鑰）

智慧藏於人體這個地球的隱黯之處。當你的靈魂燃起了火焰，你就會變成一個無形又光輝榮耀的太陽。只有透過堅持，光明才會注入你的腦中。靈魂燃起火焰之時，就是光明注入腦中之刻。（光明並不會從外部注入，而是透過靈修接通體內各層脈輪之後，自內而生的現象和境界。）

6.「納 13 於 1」即是延年益壽的奧秘，其中的每一方面，也都是通往光明太乙的渠道。（第十五塊碑文—密中之秘）

納 13 於 1，也就是讓 1 所代表的精神層面的本我，來統轄人身、天、心的這 3 個層面，以及這三個層面所包括的 10 個內容（3+10 = 13）。

A. 屬身層面的功能：

a. 心臟血液系統的運作
b. 神經系統的運作
c. 阿卡薩能量系統（氣場）的運作
d. 太乙能量系統（出自骨骼）的運作

B. 屬天層面的功能：

a. 人經由身心靈的提升，以疏通精神層面本我的調解功能
b. 人經由身心靈的提升，以調解屬身層面的功能
c. 人經由身心靈的提升，以調解屬心層面的功能

C. 屬心層面的功能：

a. 心中道法對過去因果關係的仲裁
b. 心中道法對現在因果關係的仲裁
c. 心中道法對未來因果關係的仲裁

7. 自主靈魂出竅的核心原理，就是讓精神層面的本我來統轄人的一切。所以靈修首先就得如圖特所說的：齋戒、禁語、靜心、去私，以使身心

靈都處於平衡與和諧的狀態中。

8. 要接通並融合這七個脈輪，就需喚醒藏於體內的生命之火，圖特稱之為太乙能量（l'éther），也就是印度傳統修行法門所說的昆達里尼（kundalini，梵語意為捲曲）。昆達里尼就是蜷伏於尾椎骨最底二、三節之中的所謂拙火、靈量、或稱靈蛇之力，也就是人體內一種神秘的宇宙生命能量。

9. 圖特所授的靈修法門，對應七個脈輪的綜合理解：

第十塊碑文（時間之鑰）中說：「我發現，能讓我超脫 … 時間之束縛，唯一的方式是：引導自己的意識向上並向右，做環狀的移動。有個螺旋型的動力，把我往上吸離開了我的身體，同時也在時間中將我轉形。」詳細論述如下：

（1）接通七個脈輪的運行過程：

A. 昆達里尼的蜷藏之處，就在掌管人的負面因素和創造死亡的底輪（root chakra）之中。所以，昆達里尼首先必須被喚醒和啟動。

B. 喚醒和啟動昆達里尼，需要藉著生命領主和靈魂救贖者的骶骨輪（sacral chakra；也稱腹輪；道教稱之為下丹田）的運轉。骶骨輪的運轉

需要意念的引導，也就是要去觀想：尾椎中的太乙能量，分為兩股以逆鐘（坐姿時，由上往下看）的方式，如太極圖般的相互盤繞旋轉。昆達里尼啟動後，要繼續觀想其分為兩股，如雙蛇般的沿著脊椎逆鐘盤旋而上，逐一接通各個脈輪並相互融合。

C. 當昆達里尼接通胃腔中太陽神經叢輪（solar plexus chakra；又稱放射神經叢輪 radiating plexus chakra）時，如法術般的奇妙效應便會發生。例如，當人們見到愛慕的對象時，所產生小鹿亂撞的現象（即英文中所謂的 butterfly in the stomach），就是來自於此脈輪。

D. 當與胸腔中的心輪（heart chakra；道教稱之為中丹田）融合時，靈魂中的光明便會開始展現。

E. 當與喉輪（throat chakra）融合時，靈魂便開始（尚未完全）不受軀體的侷限。

F. 當融入眉間輪（也稱天眼輪 the third-eye chakra，就是腦中的松果體 the pineal gland；道教稱之為上丹田）時，便啟動了對自己和周遭小宇宙的理解；此現象道教稱為開天眼。

G. 當融入冠輪（crown chakra，也稱頂輪）時，便接通了宇宙意識，而達到天人合一。

（2）昆達里尼的能量是單股或雙股？ 其盤旋是順鐘或逆鐘？

第四塊碑文（空間之鑰）篇後註 6 中對無限萬有曲線的註解，以及下列
的推論和古代物件，皆可佐證譯註者在上一段（9—（1）—B）所提的
觀點：

A. 古埃及的圖特就是古希臘的赫耳墨斯。在這兩個文明的傳說中，祂都
是醫藥之神。

圖 16.1：蘇美文明的古地亞（Gudea）王用來祭祀寧寂兮即達神（Ningishzida）的
　　　　奠酒石杯（libation vase of Gudea），此石樽現藏於巴黎羅浮宮。

B. 古希臘神話中赫耳墨斯所持的雙蛇盤旋至頂而展翼之杖（Caduceus）的旋轉方向，從上往下看，就是逆時鐘旋轉 **Ⓐ**。

C. 代表生命和智慧的雙蛇盤旋圖像，最早見於距今 4 千多年前，蘇美文明的古地亞（Gudea）王用來祭祀寧寂兮即達神（Ningishzida）的奠酒石杯（libation vase of Gudea）上的浮雕。（圖 16.1）其中狀如去氧核糖核酸（DNA）般的雙蛇螺旋，代表古巴比倫時代的冥神和醫藥之神，也就是象徵生命與智慧之樹的領主（lord of the good tree）。此圖中雙蛇向上盤旋的方向，由上往下看，也是逆時鐘旋轉。

10. 讓靈魂出竅的咒語：

（1）第十五塊碑文—密中之秘：

精神層面的本我（也就是存在本質的意識），應是你注意力的核心所在。你必須把你殷切的意念安裝於此。集中你的意念，讓心中和全身升起最熱切的欲望。不斷把精神集中在你已經自由的脫離了肉體的想法上。你要想著這句咒語：「拉・悟姆・依・樂・甘！」（La-Um-I-L-Gan）（此咒的意思是：我不在這裡。）在心中一遍遍的復誦，讓你意念中響亮的聲音與你熱切的欲望相結合。靠你的意念來掙脫肉體的束縛。

Ⓐ：古埃及和蘇美文明影響了希臘，希臘文明又影響了羅馬。此杖到了希臘時代，演變成了醫神阿斯克利皮爾斯之杖（**Rod of Asclepius**）。此杖不僅變成了單蛇杖，而且該蛇向上盤旋的方向，也變成了逆鐘或順鐘不一。此杖到了羅馬時代，又演變成了傳信天使墨丘利（**Mercury**）的權杖。這是知識在傳播過程中，流失或誤傳的又一個典型案例。

（2）第六塊碑文—法術之鑰：

以下的咒語，並未見於譯註者所用的法文本，而是出現於 1939 年英譯本的第六塊碑文。譯註者羅列此咒的目的，只是讓讀者多一份參考資訊，別無他意。

各領主的名字就是各脈輪的名字。靈修時吟誦這些名字，或有助於接通各個脈輪。這句咒語或是由七個古音所組成，代表從三到九的這七個數字，也就是七位領主的名字：「汶塔納思，歸雅塔思，奇業塔樂，夠雅納，悟艾塔樂，山姆維塔，阿赫達樂！」（Untanas Quertas Chietal Goyana Huertal Semveta Ardal）。這句咒語的意思是：照耀黑暗的七位光明神魄啊，請充滿我的靈體，讓我脫離暗夜的束縛吧！

二、神遊 / 靈遊 / 逍遙遊（圖特對靈魂出竅之後，神遊階段的論述）

1. 在靈魂出竅期間，你的身體是處於休眠狀態，你要保持自己心靈的沈穩。你的意識要去關注你靈體自由翱翔的感覺，而不要再去關注你的軀體。

2. 讓靈魂脫離地球界的咒語：（第十五塊碑文─密中之秘）

當你已能脫離肉體而存在，並且來到了地球維度的周邊時，那就是你該使用咒語的時候了。「多・睿・悟・啦！」（Dor-E-Ul-La）。（此咒的意思是：阿曼提諸大廳或神的國度。）透過在心中唸誦這個咒語，你靈體的光芒可以激增一段時間，以助你跨越空間的一些障礙。在半個太陽的時間（六小時）之內，你可以自由的穿越地球層面的各種障礙，可以看到並認得其他那些同樣超越了地球維度的靈體。沒錯，你可以把自己提交到那些最高層次的世界中，也可以找到那些你能在其中，展開自己靈魂的更高層界域。你曾經被鎖在身體裡，但現在你自由了。

3. 讓靈魂從時空邊緣安返身體，並且不被拘拿的作法和咒語：

第七塊碑文（七位領主）說：「當你在靈魂逍遙遊的時候，別做任何有角度的移動，而要跟著曲線移動。（尤其是當接近時空邊緣時，）若你聽到如鐘鳴般震動你靈體的類似狗吠之聲，你要停止朝著迷霧前進，並立刻沿著螺旋形的移動，回到你的身體。當你恢復正常形態後，一方面用十字架和圓圈來自我保護，同時要張大嘴來朗誦這個聲音（咒語）。」如此，你的靈魂才不會被，從時空邊緣追來的守護者刻耳柏洛斯拘拿，而保持自由。此咒就是第十塊碑文（時間之鑰）中所說的打開空間的咒語，也就是「進‧悟如！」（Zin-Uru）。（此咒的意思是：光明之子！）但為了讓此咒生效，你必須觀想著：「我就是光，光就是我！」

4. 讓靈魂進入阿曼提的咒語：（第十五塊碑文—密中之秘）

你要全心全意的把阿曼提具體的視覺化。用你的心靈之眼，把你在眾領主前致敬的景像視覺化。並在心中唸誦著我現在告訴你的，具有權威大能的咒語：「美庫‧得樂‧夏布‧愛，阿樂‧素和‧本‧內樂‧匝布魯特，進‧內弗潤姆‧括‧睿！」（Mekut- El- Shab- El Hale- Sur- Ben- El- Zabrut Zin- Efrim- Quar- El）（此咒的意思是：大能的領主啊，請賜我無限成長的光明！）放鬆你的心靈和身體。放心把，你的靈魂將會被呼喚。

5. 讓靈魂見到眾領主和永恆的生命光焰的咒語：（第十五塊碑文—密中之秘）

（1）穿越深藏的層層門戶後，當你遇到門戶的守護者時，你要說：「我就是光明。我裡面沒有黑暗。我已從暗夜的枷鎖中解放。打開通往十二位領主和通往太乙的通道，以便我抵達智慧的國度。」

（2）雖然你這麼說了，祂們還是會拒絕開門。你就要用下列大能的咒語，命令祂們打開通道：「我就是光明。對我，任何的障礙都不存在。我用密中之秘的威力命令你們打開：『意東姆‧艾‧拉因姆‧薩貝赫‧具，阿東姆！』」（Edom-El-Ahim-Sabbert-Zur Adom）（此咒的意思是：讓神的國度的光芒，閃耀吧！）如果你的話語，具有最高真理的精神，那這些障礙將隨之崩解。

6. 呼叫圖特來協助的咒語：（第十二塊碑文—因果關係與預言之鑰）

你想呼叫我來協助的時候，可以連續三次唸我的名字：
「謝可德‧阿睿理奇‧福瑪立德思」（Chequetet-Arelich-Vomalites）。這句咒語的意思是：一個獲得了真理神髓的永遠朋友！

翡翠碑文：宇宙和生死的終極答案大揭密
（傳世天書首部繁體中文譯註版）

原書名	LES XV TABLETTES DE THOTH (L'ATLANTE)
原作者	Thoth/Hermès Trismégiste（圖特／赫耳默斯）
譯註者	鄭斯堯
總策劃	沈澄勇
書法題字	鄭斯堯
代理經銷	白象文化事業有限公司
	401 台中市東區和平街 228 巷 44 號
	電話：(04)2220-8589　傳真：(04)2220-8505
電腦排版	簡單瑛設
印刷	呈靖彩藝有限公司
出版日期	2021（民 110）年 6 月　初版
定價	新臺幣 450 元
ISBN	978-957-43-8802-8

國家圖書館出版品預行編目 (CIP) 資料

翡翠碑文 : 宇宙和生死的終極答案大揭密 / 圖特
(Thoth), 赫耳默斯 (Hermès Trismégiste) 原著 ; 鄭斯堯
譯註 . -- 初版 . -- 臺北市 : 鄭斯堯, 民 110.06
　　面 ；　公分
譯自 : Les XV Tablettes de Thoth l'Atlante
ISBN 978-957-43-8802-8(平裝)

1. 超心理學　　2. 靈修

175.9　　　　　　　　　　　　　110005999

Hermès Trismégiste

赫耳墨斯

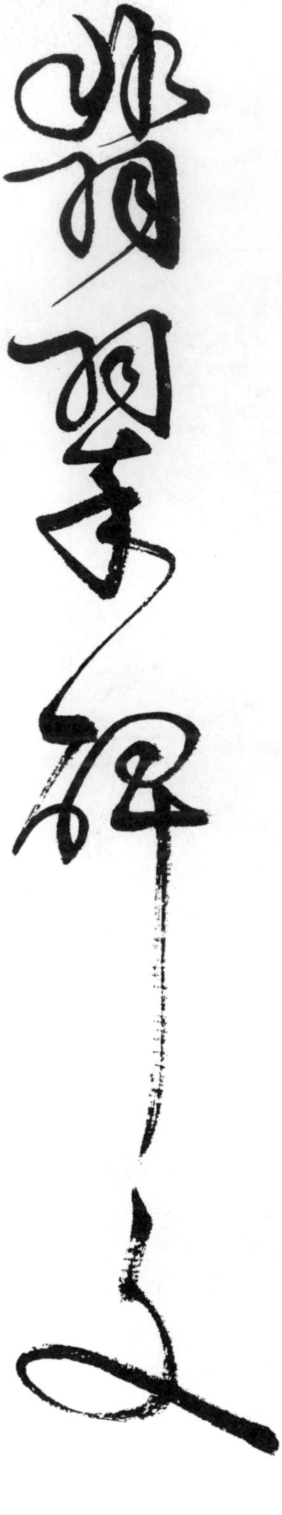